《中国非公有制经济人士统战研究基地丛书》

主编　范柏乃

国家自然科学基金项目资助（项目号：71673239）

城市创新能力的空间分布、成长动力与激励政策研究

范柏乃　刘四方　著

中国财经出版传媒集团
中国财政经济出版社

图书在版编目（CIP）数据

城市创新能力的空间分布、成长动力与激励政策研究 / 范柏乃，刘四方著. --北京 : 中国财政经济出版社，2020. 10

（中国非公有制经济人士统战研究基地丛书/范柏乃主编）

ISBN 978-7-5223-0057-3

Ⅰ. ①城… Ⅱ. ①范…②刘… Ⅲ. ①城市经济-国家创新系统-研究-中国 Ⅳ. ①F299. 2

中国版本图书馆 CIP 数据核字（2020）第 179323 号

责任编辑：牛婧丽　刘　畅　　　　责任校对：张　凡
封面制做：孙俪铭　　　　　　　　责任印制：张　健

中国财政经济出版社 出版

URL：http：//www. cfeph. cn
E-mail：cfeph@ cfemg. cn

社址：北京市海淀区阜成路甲 28 号　邮政编码：100142
营销中心电话：010-88191522
天猫网店：中国财政经济出版社旗舰店
网址：https：//zgczjjcbs. tmall. com
北京财经印刷厂印刷　各地新华书店经销
成品尺寸：170mm×240mm　16 开　12. 75 印张　121 000 字
2020 年 12 月第 1 版　2020 年 12 月北京第 1 次印刷
定价：49. 00 元
ISBN 978-7-5223-0057-3
（图书出现印装问题，本社负责调换，电话：010-88190548）
本社质量投诉电话：010-88190744
打击盗版举报热线：010-88191661　QQ：2242791300

《中国非公有制经济人士统战研究基地丛书》

编　委　会

总　序

党的十九大报告指出，“必须坚持和完善我国社会主义基本经济制度和分配制度，毫不动摇巩固和发展公有制经济，毫不动摇鼓励、支持、引导非公有制经济发展，使市场在资源配置中起决定性作用，更好发挥政府作用”。

截至2018年年底，我国拥有各类市场主体1.1亿户。其中，企业有3474.2万户，在1.1亿户市场主体当中，90%以上归属于非公有制经济。据测算，非公有制经济贡献了50%以上的税收、60%以上的国内生产总值、70%以上的技术创新成果、80%以上的城镇劳动就业、90%以上的企业数量。非公有制经济为我国经济社会发展作出了巨大贡献，在促进经济增长、激发创新、扩大就业和增加税收等方面发挥了重要作用。

在中国经济加快转型发展和进入新常态的背景下，非公有制经济的发展形态正由传统工业化向新型工业化转变，发展动力从资源消耗为主向创新驱动为主转变，发展体系由外向型经济向统筹内外、内外结合转变，发展业态由传统集聚为主向现代产业集群为主转变，管理体制由家族管理为主向现代管理为主转变，发展目标由商品输出为主向资本输出为主转变。

非公有制经济的转型发展离不开非公有制经济人士的智力支持。我国的非公有制经济人士是适应社会主义初级阶段解放和发展生产力的需要，在改革开放、发展社会主义市场经济过程中出现的一个新的社会群体。经过40多年的发展，非公有制经济人士的构成主体已发生了巨大变化：由过去的主要以农民和城镇待业人员为主，发展到包括从党政机关、国有企事业单位、大专院校、科研单位分流出来的行政干部、中高级知识分子以及海外归国人员在内的庞大队伍，并且这支队伍仍处于不断发展壮大和变化之中。非公有制经济人士具有较强的社会责任感，为经济建设和社会发展作出了很大贡献，已成为我国社会主义现代化建设的一支积极力量、统一战线的重要成员。

非公有制经济的蓬勃发展以及非公有制经济人士的健康成长、队伍壮大都离不开围绕非公有制企业、人士的体制机制和制度环境的建设，尤其是政府职能的转变、行政体制的改革以及法治、市场和资本等环境的优化。2015年5月，习近平总书记在中央统战工作会议上指出，“促进非公有制经济健康发展和非公有制经济人士健康成长，要坚持团结、服务、引导、教育的方针”“引导非公有制经济人士特别是年轻一代致富思源、富而思进，做到爱国、敬业、创新、守法、诚信、贡献”。2016年3月4日，习近平总书记在看望出席全国政协十二届四次会议民建、工商联界委员并参加联组讨论时强调：“非公有制经济要健康发展，前提是非公有制经济人士要健康成长。”

中国创造了世界经济发展奇迹，最根本的原因是改革开放，最重要的动力是民营经济的发展壮大。针对“民营经济离场论”“新公私合营论”“加强企业党建和工会工作是要对民营企业进行控制”等错误言论，2018 年 11 月 1 日，习近平总书记在民营企业座谈会上再次强调：“非公有制经济在我国经济社会发展中的地位和作用没有变！我们毫不动摇鼓励、支持、引导非公有制经济发展的方针政策没有变！我们致力于为非公有制经济发展营造良好环境和提供更多机会的方针政策没有变！我国基本经济制度写入了宪法、党章，这是不会变的，也是不能变的”。“民营企业和民营企业家是我们自己人”“我国民营经济只能壮大、不能弱化，不仅不能‘离场’，而且要走向更加广阔的舞台”。

《中国非公有制经济人士统战研究基地丛书》正是基于以上背景，在中国统一战线理论研究会非公有制经济人士统战工作理论浙江研究基地的出版资助下，吸收宁波大学、浙江大学等浙江省高校和科研机构，长江三角洲地区乃至全国范围内的非公有制经济和非公有制经济人士的专家学者以及实际工作部门人员，精心组织并撰写了本套丛书。丛书主要围绕非公有制企业、非公有制人士、体制机制改革和政府职能转变等重要问题进行深入系统研究，包括非公有制企业的市场拓展、技术创新、企业传承、文化建设、社会责任，非公有制经济人士的成长环境、成长动力、成长瓶颈、成长机制，政府职能转变以及相关的政府服务环境、法治环境、市场环境和资本环境等一系列重要内容。

《中国非公有制经济人士统战研究基地丛书》的出版，可以为非公有制经济企业转型发展提供咨询服务，为党和政府决策提供事实依据，为促进非公有制经济健康发展和非公有制经济人士健康成长提供实际指导。

前　言

城市是生产力和工商业发展的结果，是人类走向成熟的标志，是人类文明的结晶。在人类社会出现了农业、手工业与商业的劳动分工后，居民点就发生了分化，形成了以农业为主的乡村和以商业、手工业为主的城镇。在历史上，耶路撒冷、雅典、比布鲁斯、瓦拉纳西、乔鲁拉、耶利哥城、阿勒颇、普罗夫迪夫、洛阳和西安等世界著名古城都曾经是重要的工商贸易中心。在农牧业经济时代，生产力水平低下，城市发展缓慢，重要城市通常是具有政治统治功能的都城。18 世纪工业革命以后，生产力水平的提高促进了城市化，城市获得了前所未有的发展。1800 年，全球仅有 2% 的人口居住在城市。至 1950 年，这个数字上升至 30%。至 1975 年，城市人口比重接近 40%。目前，全球大约有 55% 的人口生活在城市。正如美国著名社会哲学家、历史学家刘易斯·芒福德（Lewis Mumford）指出的，城市是一种特殊的构造，这种构造致密而紧凑，专门用来流传人类文明的成果。

马克思认为，城市是一种“有机体”，是人口、生产、资本、工业、商业、文化、科学技术、享乐和需求的集中。随着生产力和科学技术的发展，城市规模不断扩大，进而引起了城市的性质、结构和功能的变化，城市的资源和生产要素集聚能力日益增强，资本、技术、劳动力和信息等生产要素高度聚集到城市中，使城市的经济能级急剧提升。尤其是近50年来，一些地理位置优越和产业优势明显的城市的经济功能趋于综合化，城市的交通、市场、金融、服务和文化等功能得到强化，若干个城市围绕某个中心城市形成了都市圈（Megalopolis），其经济总量迅速扩大、经济势能明显强化。目前，纽约都市圈、伦敦都市圈、巴黎都市圈和东京都市圈以及我国长江三角洲、珠江三角洲都市圈的经济规模效应、聚集效应和扩散效应均十分突出，成为推动区域性和全国性甚至全球性经济增长的重要增长极。

由中国社会科学院城市发展与环境研究所及社会科学文献出版社共同发布的《城市蓝皮书：中国城市发展报告 No. 12》指出，中华人民共和国成立70年以来，中国城市发展取得了五大历史性跨越：城镇化水平显著提高，城市建设取得历史性跨越；城市经济持续快速增长，综合经济实力取得历史性跨越；产业结构不断优化，产业规模和层级取得历史性跨越；日益深刻融入世界经济体系，以城市为主体的开放型经济取得历史性跨越；城镇居民收入大幅增长，人民生活水平取得历史性跨越。2015年12月20日，中央城市工作会议指出，城市是我国各类要素资源和经济社会活动最集中的地方，全面建成小康社会、加快实现现代化，必须抓好城市这个“火车头”。要优化创新创业生态链，让创新成为城市发展的主动力，释放城市发展新动能。习近平总书记在党的十九大报告中进一步强调，创新是引领发展的第一动力，是建设现代化经济体系的战略支撑。当前，创新作为“五大发展理念”的核心，对于我国在新时代实现高质量发展具有特别重要的意义。

截至2020年年初，我国城市发展过程中的不平衡、不充分问题依然较为突出。我国城市发展的不平衡主要表现为经济增长与社会发展不平衡、城市创新能力与创新资源集聚不平衡；我国城市发展的不充分主要表现为我国一些城市尤其是我国西部地区的城市经济社会尚未得到充分发展，创新能力尚未充分涌现。目前，我国城市创新能力建设正步入转型升级和质量提升的“新常态”，其创新能力直接关乎国家综合竞争力和未来经济的高质量发展。如何测度城市创新能力？城市创新能力的空间分布特征如何？城市创新能力有哪些重要的成长特征？城市创新能力的成长动力与驱动机制如何？怎么制定提升城市创新能力和优化城市空间布局的激励政策？通过文献调研和比较发现，国内外对这些问题的关注较少，实证研究略显不足，迫切需要学术界对这些问题开展深入研究。

《城市技术创新透视——区域技术创新研究的一个新视角》对城市创新能力的概念内涵、结构要素、实际测度，技术创新与城市经济增长的互动关系，城市技术创新的风险投资机制，城市技术创新的支撑环境以及技术创新全球化的应对策略等问题进行了初步探索。本书是《城市技术创新透视——区域技术创新研究的一个新视角》的进一步拓展和深化，作者以中国大陆地区城市常住人口100万人以上城市（包括大城市、特大城市和超大城市三种类型）为研究对象，对城市创新能力的结构模型与测度体系、空间分布、成长动力与驱动机制以及城市创新能力的激励政策等关键性问题进行了深入研究。通过系统的理论分析和实证研究，构建城市创新能力的四维结构模型，对城市创新能力进行实际测度，描述和刻画我国城市创新能力的空间分布特征；深刻揭示我国城市创新能力的形成机制与成长动力，探寻不同的成长动力对不同类型城市创新能力的作用机理和驱动强度；研究我国城市创新能力激励的政策供给与政策工具选择，考察创新政策对城市创新的成长动力和城市创新能力的激励效应；借鉴国内外城市创新能力激励的基本做法和成功经验，研究制定我国城市创新能力激励政策的优化思路和具体策略。研究成果深化和拓展了城市技术创新的研究内容，为完善创新理论提供了新的知识增量；为优化城市创新能力激励政策进而提升城市创新能力和优化城市创新能力的空间分布提供了理论依据、决策参考和实践指导。

本书的顺利完成，要感谢浙江大学蔡宁教授、余潇枫教授、陈丽君教授、吴金群副教授，浙江工商大学孙元教授、苏州大学沈荣华教授和南开大学尚虎平教授等对本书研究内容、研究方法和对策建议提出的宝贵意见；要感谢浙江大学控制科学与工程学院李旭桦、浙江大学控股集团有限公司吴晓彤两位老师对本书文献梳理、数据采集和统计分析等方面付出的辛苦劳动。同时，本书引用了很多研究文献和数据资料，作者在此对相关单位和作者一并表示真挚谢意！

需强调的是，城市创新能力的空间分布、成长动力与激励政策研究作为在城市尺度上对区域创新能力研究的新探索，仍需更长时间、更全方位和更深层次的观察研究，加之本书写作的时间仓促和作者的水平有限，本书肯定存在诸多不足，恳请广大读者不吝赐教和批评斧正。

范柏乃　刘四方

2020 年 4 月 8 日

目　录

第1章

导　　论

1.1
研究背景与意义

1.1.1 研究背景

习近平总书记在党的十九大报告中指出，创新是引领发展的第一动力，是建设现代化经济体系的战略支撑。《国家中长期科学和技术发展规划纲要（2006—2020年）》明确规定，“到2020年，我国科学技术发展的总体目标是：自主创新能力显著增强，科技促进经济社会发展和保障国家安全的能力显著增强，为全面建设小康社会提供强有力的支撑；基础科学和前沿技术研究综合实力显著增强，取得一批在世界具有重大影响的科学技术成果，进入创新型国家行列，为在本世纪中叶成为世界科技强国奠定基础。”党的十八届五中全会提出，坚持创新发展，必须把创新摆在国家发展全局的核心位置，让创新贯穿党和国家一切工作，让创新在全社会蔚然成风。

将创新摆在国家发展全局的核心位置，代表了世界发展潮流，是大势所趋。第三次浪潮已经奔涌而来，未来的时代是知识经济主导发展的时代，科技的进步将决定地区的发展程度和竞争能力。技术创新作为推动知识经济发展、促进技术进步的主要范式，已经被世界上越来越多的国家和地区认可，并成为促进地区竞争力形成的重要战略决策。据统计，2007 年高收入国家的研究与开发经费支出占其国内生产总值的比重为 2.45%。其中，以色列、日本和韩国的这一比重均超过了 3%，美国、德国、法国、加拿大和新加坡的这一比重超过了 2%（如图 1－1 所示）。[①]

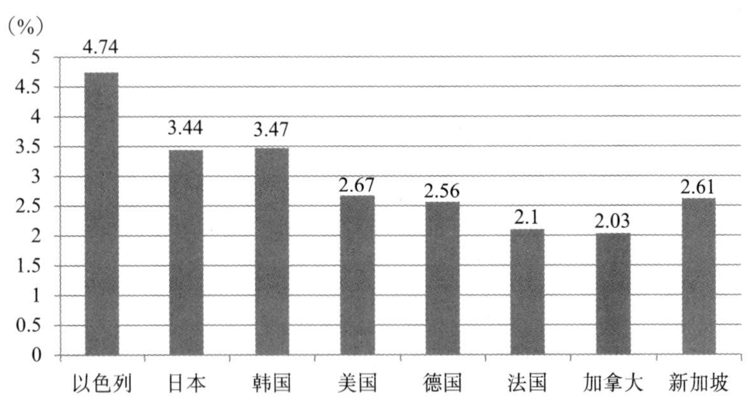

图 1－1 2007 年部分高收入国家研究与开发经费支出占国内生产总值的比重

① 中华人民共和国国家统计局．国际统计年鉴 2010［M］．北京：中国统计出版社，2010.

近年来，中国已经意识到技术创新对于国家振兴和民族复兴的重要作用，并将技术创新作为重要内容写入国家战略整体规划。国家政策的支持有力推动了中国技术创新的发展。单纯从技术创新的投入和产出来看，中国与欧美发达国家已经处于一个数量级。2009 年，中国在科学研究和试验发展上花费的资金达到了 5000 亿元，位居世界第 4，高技术产品出口额占制成品出口额的比重达 30.98%，远超世界 19.56% 的平均水平（如图 1－2 所示）；居民专利申请数量达 229096 件，与日本、美国齐平，远超德国，非居民专利申请 85477 件，仅次于美国（如图 1－3 所示）。[①] 虽然这些数据表明我国的技术创新已经获得了长足的进步，但是“量”的齐平并不代表“质”的齐平。世界经济论坛发布的《2011—2012 年全球竞争力报告》显示，我国的竞争力总排名为第 26 位，创新与成熟度排名列第 31 位，上述排名差异的原因主要是我国的技术创新体系发展不科学。技术对外依赖度过高、科技与经济脱节、原始创新不足、基础研究比例偏低、企业自主研发水平不够、软环境建设匮乏、法规政策不完善……这些问题严重制约了我国技术创新能力的提升，造成了我国目前技术创新仅有“量”、没有“质”的窘境。因此，我国政府必须积极制定政策，从源头出发，以某一个切入点为入口，改善现状，让我国的技术创新真正形成具有自主创新能力的创新体系，尽早甩掉“中国制造”的帽子，树立“中国创造”的品牌。

---

① 中华人民共和国国家统计局．国际统计年鉴 2010［M］．北京：中国统计出版社，2010.

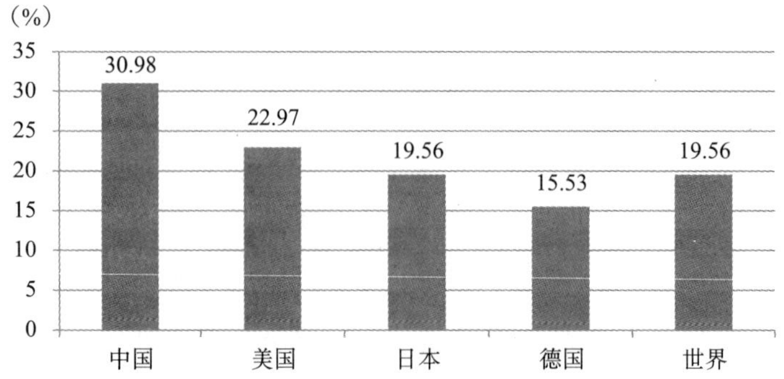

图1－2　2009年部分国家以及全球高技术产品出口额占制成品出口额的比重

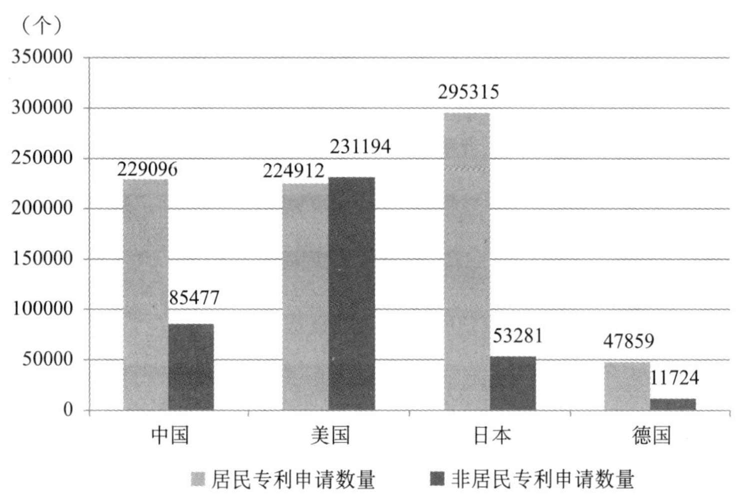

图1－3　2009年部分国家专利申请数量

2015年12月20日召开的中央城市工作会议指出，城市是我国各类要素资源和经济社会活动最集中的地方，全面建成小康社会、加快实现现代化，必须抓好城市这个“火车头”。要优化创新创业生态链，让创新成为城市发展的主动力，释放城市发展新动能。在改革开放40多年的历史进程中，城市作为区域政治、经济、文化的中心，不仅推动了我国的经济建设和社会发展，也汇聚了大量的创新资源，支持了技术创新体系的建设。据统计，2011年，我国288个地级及以上城市的经济总产值为293023.5亿元，约占全国国内生产总值的62%；固定资产投资总额为311485.1亿元，占全国固定资产投资总额的49.7%；对外出口总额为18983.8亿美元，占全国出口总额的98.9%；规模以上企业有325609家，占全国规模以上企业总数的43.5%；规模以上企业工业总产值为844269亿元，占全国规模以上企业工业总产值的54.9%；普通高等院校有2409个，占全国高等院校数量的90.2%；在校学生数量为2308.5万人，占全国在校学生总数的96%。经过多年创新能力建设，我国已在一批大城市聚集了丰富的创新要素，但整体上创新能力依然不强。目前，我国城市创新能力建设正步入转型升级和质量提升的新常态，其创新能力直接关乎国家综合竞争力。应当如何科学地定义城市创新能力？如何测度城市是否具有创新的能力？怎样刻画和描述其空间分布特征？城市的创新能力的形成机理和成长动力是什么？当前，科技创新政策对城市创新能力及其成长动力的影响如何？未来科技创新政策有怎样的优化方向？城市创新能力、城市创新能力的空间分布、城市创新能力的成长动力和城市创新能力的政策效应四者存在怎样的关系？通过文献调研发现，国内外对以上一系列问题的关注较少，实证研究更显不足，迫切需要学术界对这些问题开展深入研究。

如今，经济一体化进程进一步加速，我国经济转型升级迫在眉睫，城市创新体系在新的历史机遇期遇到了新的挑战。因此，如何真实刻画我国城市创新体系及其发展现状，科学评价我国城市创新能力，制定相应的管理方案和政策措施，成为政府、学界和企业界共同关注的问题。

1.1.2 研究意义

本书以我国大陆地区拥有100万人以上常住人口的城市（包括大城市、特大城市和超大城市三种类型）为研究对象，对城市创新能力的结构模型与测度体系、空间分布、成长动力与驱动机制以及城市创新能力激励政策等关键性问题展开研究。

本书具有重要的学术价值和应用价值。

（1）学术价值。通过研究，构建城市创新能力的四维结构模型，在此基础上对城市创新能力进行实际测度；揭示城市创新能力的空间分布特征；揭示城市创新能力的形成机制与成长动力，探索成长动力对城市创新能力的作用机理，分析总结各类成长动力对城市创新能力的促进作用；探索并构建城市创新能力与其成长动力、空间分布、政策效应之间的关系模型。研究成果为创新理论提供了新的知识增量。

（2）应用价值。科学制定和实施具有针对性、有效性、前瞻性的激励政策是推进城市创新能力建设的重要手段和途径。研究成果为优化创新激励政策、提升城市创新能力和优化空间布局提供了理论依据、决策参考和实践指导。

1.2 研究内容与方法

1.2.1 研究内容

1. 城市创新能力的结构模型与测度体系研究

（1）城市创新能力的概念界定。在对以往创新能力概念的系统调研基础上，借鉴经济合作与发展组织（OECD）（1996）、柳卸林和胡志坚（2002）关于创新能力的概念框架，对城市创新能力作出以下定义：一个城市将知识转变为新产品、新工艺、新服务的能力。

（2）城市创新能力的结构模型构造。基于上述界定的城市创新能力的概念，运用行为事件访谈（Behavioral Event Interview，BEI）和关键事件技术（Critical Incidents Technique，CIT）法，选择30位创新能力研究专家进行半结构式访谈，识别城市创新能力的结构特征和关键构成维度，从知识创造、知识流动、创新设施和创新产出四个维度构造城市创新能力的四维结构模型。

（3）城市创新能力的测度体系研究。基于上述构造的城市创新能力的结构模型，遵循可操作性、可比性和系统性等原则，采用头脑风暴（Brain Storming，BS）法，从知识创造、知识流动、创新设施和创新产出四个维度，确定测量城市创新能力的理论指标，运用相关性分析法、隶属度分析法和鉴别力分析法等，建立具有较高信度和效度的城市创新能力的测度体系。

2. 城市创新能力的实际测度与空间分布研究

（1）基于横截面的城市创新能力的实际测度。基于第1章构建的城市创新能力的测度体系，以2015年统计数据为基础，运用主成分分析法，从横截面对我国城市创新能力进行实际测度，正确地了解我国城市创新能力的实际水平，系统地揭示了城市创新能力及其关键构成维度的区域差异性。

（2）城市创新能力的聚类研究。运用系统聚类方法，从城市创新的角度对城市进行聚类分析，并对不同类型城市的创新能力结构特征进行比较分析，系统地刻画出我国城市创新能力的分布情况与结构特征。

（3）城市创新能力的空间分布特征研究。运用探索性空间数据分析方法（ESDA），以ArcGIS 10.2为工具，绘制城市创新能力的空间分布图，利用空间Moran I指数、区域Moran I指数分析我国2015年度城市创新能力的空间分布特征，以此分析我国城市创新能力的空间依赖性、差异性和集中分布点，把我国的城市创新能力分布特征研究得具体明晰。

3. 城市创新能力的成长动力研究

（1）城市创新能力成长动力的理论分析模型构建。在对以往研究文献的系统调研和比较分析的基础上，借鉴Furman（2002）的创新能力影响因素的分析框架和Connolly（2003）的创新能力影响因素的概念模型，从创新政策、经济结构、产业集聚、人力资本和市场开放度等5个维度构建城市创新能力成长动力的理论分析模型。

（2）基于面板分析的城市创新能力的成长动力研究。基于Romer（1990）提出的内生增长理论和Furman（2002）测度内生增长理论的模型，借鉴魏守华、吴贵生和吕新雷（2010）提出的区域创新能力影响因素的计量模型，构建城市创新能力成长动力的计量分析模型，以创新政策、经济结构、产业集聚、人力资本和市场开放度为解释变量，以城市创新能力为被解释变量，运用2002—2015年我国城市的面板数据对计量分析模型进行实证检验，建立面板数据回归模型（Panel Data Regression Model），系统地揭示创新政策、经济结构、产业集聚、人力资本和市场开放度对城市创新能力的驱动强度。

4. 城市创新能力的激励政策研究——以浙江省为例

（1）浙江省城市创新能力激励的政策供给研究。系统梳理2002—2015年浙江省科技创新政策，设计一套对现实具有解释能力的政策效力评分方法，对浙江省科技创新政策效力强度进行测量。在此基础上，分析浙江省科技创新政策的供给数量、供给强度和政策工具选择，系统把握浙江省科技创新政策供给的特征。

（2）创新政策对城市创新能力的激励效应研究。构建政策对城市创新能力影响的回归分析计量模型，运用面板数据研究政策对城市创新能力的激励效应与影响机理。深度探究政策对城市创新能力每个维度的激励效应，找出城市创新能力对政策反应较为敏感的维度。

（3）创新政策对城市创新能力成长动力的激励效应。在科学测量城市创新能力成长动力的基础上，构建政策对城市创新能力成长动力影响的回归分析计量模型，运用面板数据研究政策对城市创新能力成长动力的激励效应与影响机理。探究单一维度上政策对城市创新能力成长动力的激励效应。

1.2.2 研究方法

1. 数据采集的主要方法

（1）头脑风暴法。采用头脑风暴法，从知识创造、知识流动、创新设施和创新产出四个维度确定城市创新能力的理论测度指标。

（2）深度访谈法。运用行为事件和关键事件技术访谈法，对有关专家进行半结构式访谈，识别城市创新能力的结构特征和关键构成维度。

（3）统计数据法。采集 2002—2016 年的相关统计数据，为实际测度和比较分析我国城市创新能力提供数据基础。

（4）问卷测量法。研究讨论并制定出可信度和可行度比较高的城市创新能力隶属度测试表，对相关研究问题进行问卷测量，对指标进行实证筛选。

（5）专家座谈法。在城市创新能力测度指标体系赋权、城市创新能力和城市创新能力成长动力维度识别等研究中，由专家讨论并形成较为一致的意见。

2. 数据分析的主要方法

（1）空间数据分析。运用探索性空间数据分析方法（ESDA），研究我国城市创新能力的空间依赖性、创新集群特征和创新区域差异性，揭示我国城市创新能力的空间分布特征。

（2）面板回归模型。运用2002—2016年我国城市的数据进行面板回归分析，构建面板回归模型，揭示创新政策、经济结构、产业集聚、人力资本和市场开放度等成长动力对城市创新能力的驱动强度。

（3）方差分析。通过方差分析，判断城市创新能力在不同类型城市中的分布状况，分析不同类型城市的创新能力差异。

（4）系统聚类分析。运用系统聚类分析，以城市创新能力及其各个维度的得分作为因子，对样本城市进行聚类分析，以研究我国城市创新能力在不同类型城市的分布状况和结构特征。

（5）描述性统计分析。对城市创新能力的基本情况进行描述性统计分析，把握经济社会发展状况不同的城市在城市创新能力上的差异。

1.3 研究逻辑框架与技术路线

1.3.1 研究逻辑框架

尽管在区域创新能力方面已有较丰富的研究作为理论支撑，

但对于城市创新能力的研究还相对缺乏，需要进行探索性的研究。本书以认识问题普遍的基本逻辑，即“是什么—为什么—怎么做”为逻辑主线，安排研究内容与章节顺序。在第 1 章导论和第 2 章文献综述之后，第 3 章从学理的角度出发，对城市创新能力的概念内涵进行界定，在此基础上构建城市创新能力的结构模型与实际测度指标体系。第 4 章在第 3 章提出的城市创新能力概念内涵、结构模型和实际测度指标体系的基础上对我国 101 座拥有 100 万人口以上城市的城市创新能力进行实际测度并研究其空间分布特征。第 3 章和第 4 章分别从理论和实证的角度回答了城市创新能力“是什么”的问题。第 5 章着力探索城市创新能力的成长动力与形成机理，在探讨城市创新能力形成机理的基础上识别城市创新动力，并运用面板数据回归模型分析城市创新能力的成长动力对城市创新能力的作用，理清城市创新能力成长动力和城市创新能力的关系，着力回答城市创新能力形成的动力和机理，即“为什么”的问题。第 6 章以浙江省为例，研究科技创新政策对城市创新能力和城市创新能力成长动力的影响，并试图提出科技创新政策的优化方向以便更好地促进城市创新能力及其成长动力提升，即回答“怎么做”的问题。

1.3.2 研究技术路线

在系统地文献调研基础上，本书确定了五个科学问题。本书的技术路线和采用的实验手段如图 1－4 所示。

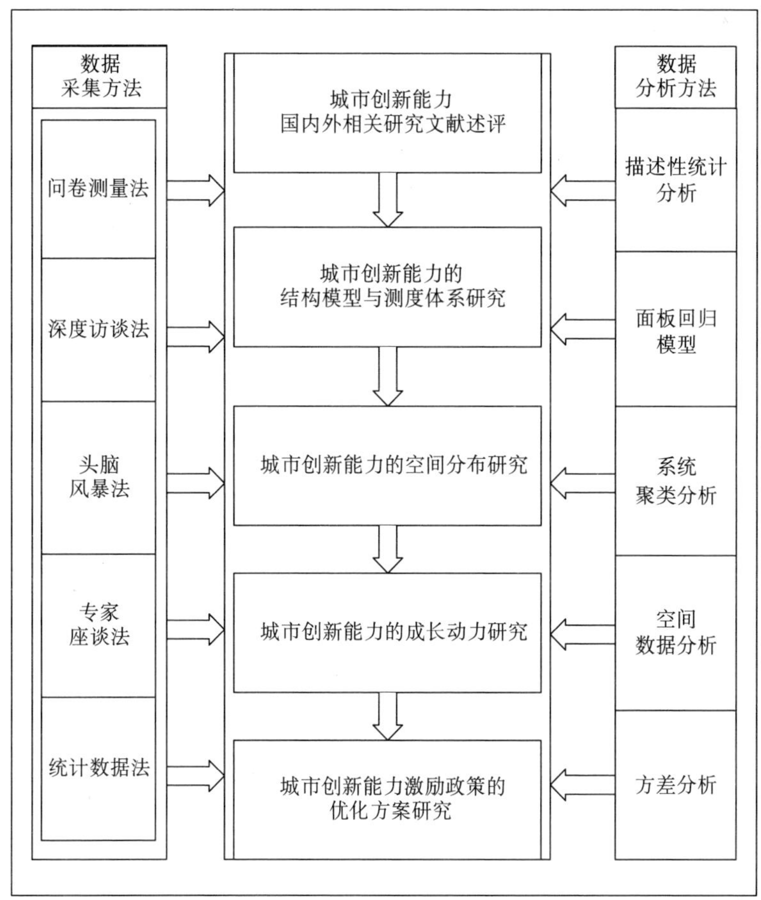

图 1－4　本书的技术路线与实验手段

第2章

文献综述

熊彼特在《经济发展理论》中首次提出“创新”这个词，把它界定为一种函数——“建立一种新的生产函数或供应函数，即创新是企业家对生产要素或生产条件进行新的组合”。而他认为的创新主要包括五种情况，即创造新的产品、采用新的生产方法、开辟新的市场、掠夺或控制原材料或半制成品的新的供应来源以及实现新的工业组织形式。这种创新既包括技术创新，又包括市场创新和组织创新，是一种广义的创新。不同于市场的供求关系，这种创新表明了生产厂家对生产要素和生产条件的重新组合。

当前学术界普遍认为，创新能力可以从宏观到微观的视角划分为国家、区域、企业的创新能力，而城市创新能力属于区域创新能力的范畴。范柏乃（2002）认为，“城市创新能力是区域技术创新能力中一种特殊的表现形式，它属于中观层次范畴的技术创新能力，其决策目标的制定过程，是实现宏观创新目标和微观创新目标相互作用和相互融合的过程。城市创新能力既是国家技术创新能力的具体化，又是城市范围内企业技术创新能力的综合与集成。”截至目前，对于城市创新能力的研究多数是由区域创新能力相关研究衍生而来的。梳理以往对于区域创新能力的研究，有助于更全面、更深入地了解城市创新能力相关研究的进展。以下将从区域技术创新能力的角度阐释其对城市创新能力的影响。区域创新能力与本书紧密相关的研究成果集中体现在区域创新能力的内涵、结构及其测度研究，区域创新能力的空间分布与演进趋势研究，区域创新能力的影响因素及影响机制研究，区域创新能力的成长动力研究以及区域创新能力的政策供给与优化路径研究五个方面。

2.1 区域创新能力的内涵、结构及其测度研究

对区域创新能力进行探索和研究，首先要从理论上准确把握这一概念的内涵与结构，了解在区域创新体系内主体之间的互动机理和各个要素的流动规律。学术界对于区域创新系统的内涵与结构尚有一些讨论，未形成完全一致的结论与观点，但综合分析现有的相关研究，可以梳理出区域创新能力内涵、结构及其测度研究的整体脉络，为本书提供基础的理论支持。

2.1.1 区域创新能力的内涵

何谓区域创新能力？这是一个值得探讨的问题，国内外学

者对此进行了深入而广泛的探究。赵黎明和冷晓明（2002）认为，在创新的过程中，基于对现代化通信技术和信息的充分利用，能够将信息、技术以及知识等重要因素不断纳入社会生产过程中，这便是创新能力。但当前的学术界尚未就创新能力的概念达成共识，学者们仍然多是从国家、区域和企业的角度来理解创新能力。

区域创新系统的概念是在20世纪80年代末至90年代初被提出的，国家创新体系是区域创新系统的理论基础。国家创新体系将国家作为行为主体（Freeman，1987；Nelson，1993），将一国的多种创新要素及其相互关联纳入国家创新体系。Furman、Porter和Stern（2002）指出，国家创新能力是一个国家形成长期的和商业化具有创新性的技术流的能力。颜晓峰（2000）则认为，国家创新能力是一个国家依靠国家创新体系运用各种资源进行创新活动的能力。

区域创新系统的概念最初由Cooke（1998）从演化经济学角度提出并由其围绕这一概念对区域创新进行了深入的实践调查和分析。他认为，区域创新系统是在一定的区域内由相互关联的企业、地方政府机构、研究机构和高等院校等构成的支撑创新并且有创新产出的区域性组织系统。

国内学者对于区域创新能力做了大量有益探讨。《中国区域创新能力报告（2001）》认为，区域创新能力主要是由知识创新能力、知识流动能力、企业的技术创新能力、创新的环境以及创新的绩效五个要素构成，而聚焦于城市创新能力，周振华（2002）提出，城市创新体系中各个要素和行为主体有机结合的整体能力是城市创新能力。张海峰（2009）认为，城市创新能力是一个城市将知识等各种要素转化为新产品、新工艺、新服务的能力。在此基础上，孙红兵（2011）将城市创新能力定义为“在城市行政区划范围内，以提升城市竞争力为目标，将城市内企业、高校及科研院所、政府、金融机构、中介服务机构和创新环境等创新主体协调组合在一起，通过将城市内创新资源高效、合理的配置，持续将知识、技术、信息纳入生产过程，创造新产品、新工艺和新服务的一种能力”①。

从总体上看，因创新活动自身的复杂性及区域的多样性，学者们在界定区域创新能力或城市创新能力时有一些差异，但多数学者对区域创新能力或城市创新能力是一种与知识被转化为新产品、新工艺及新服务相关的能力这一界定表示认同。对于区域创新能力的内涵，具有代表性的观点如表 2－1 所示。

表 2－1　区域创新能力内涵的代表性观点

观点	代表学者
区域创新能力是将区域内的技术知识转化为新产品、新工艺和新服务的能力	中国科技发展战略小组（2005）；Schiuma 和 Lerro（2008）；黄鲁成（2002）；柳卸林和胡志坚（2002）
区域创新能力是区域创新内在的一种与商业相关联的潜力	Riddel 和 Schwer（2003）；Stern、Porter 和 Furman（1999）
区域创新能力是区域创新主体对知识、技术、信息等创新要素进行整合、集成的能力。	Walshok 等（2002）；甄缝、黄朝永和罗守贵（2000）；胡宝娣和胡兵（2003）

从学者们的不同观点可以看出，他们对区域创新能力的认识有以下共同点：

① 孙红兵．城市创新系统的动力、能力和绩效研究［D］．昆明：昆明理工大学，2011.

第一，经济产出能力是区域创新能力的重要特征，区域创新能力的概念内涵是在经济视角下创新（主要是技术创新）相关理论的基础上发展起来的，属于经济领域的概念。从现有文献可以看出，技术创新是推动经济增长的重要因素，而且上述研究也证明，技术创新与经济增长呈现明显的正向关联。因此，如何优化我国的技术创新能力是推动我国经济稳步增长和转型升级的重要动力。在技术创新的体系中，区域创新是技术创新的重要形式，是体系中不可或缺的力量。区域创新的内涵、结构、形成机理等均在较大程度上与技术创新相关理论一脉相承。技术创新本身是经济领域中的一个重要概念，作为其重要衍生概念的区域创新能力，自然也属于经济领域的概念。尽管不同学者对区域创新能力的分析视角不同，但讨论其内涵时，均考虑区域创新系统是否能够有效将新的区域经济发展要素或者要素新组合引入区域经济体系，能否更加有效配置利用区域内的经济资源，能否通过促进区域创新能力来带动区域产业结构升级，进而形成区域竞争优势，带动经济跨越式发展（江兵、杨蕾和杨善林，2005）。

第二，区域创新能力包含多种创新主体（如企业、高校、研发机构、中介机构和政府等）和创新的要素（如人力、财力、技术、资源等），同时，也包含创新要素在不同主体之间的流动机制、流动效率、经济产出绩效等。这是一个较复杂的系统性概念。黄鲁成（2002）认为，区域创新系统是存在于一定的区域内，由创新主体创新的物质资本以及创新所需的制度和政策网络所组成的复杂体系。胡志坚和苏靖（1999）认为，参与技术开发和扩散的企业、区域创新的行为主体是类似于大学的研究机构，市场中介服务机构和政府也广泛参与区域创新的过程中。所有主体的共同参与构成一个相互作用的创新网络系统。在这样的系统中，知识、技能和新产品能够被有效地创造、储备和转让。

第三，区域创新能力有广义和狭义之分，狭义的区域创新能力主要是指区域在科学技术方面的创新能力；广义的区域创新能力，除了强调科学技术的创新能力外，还将区域因制度环境、政策体系和对创新活动的管理机制而产生的区域异质性作为区域创新能力的一个重要特征（Romijn & Albu，2002；Schiuma & Lerro，2008），区域创新能力内涵的重要部分包括组织创新能力、管理创新能力和制度创新能力。

2.1.2 区域创新能力的结构与测度

区域创新能力系统又称区域创新能力体系，是指区域创新能力的构成要素以及要素之间的联系方式，对区域创新能力体系的研究是分析区域创新能力结构的重要基础。科技创新活动是一项复杂的系统工程（倪鹏飞等，2011）。研究区域创新系统的影响因素、内部结构和运行机制对于增强区域创新能力和综合竞争力至关重要。因此，在区域创新能力研究中，有关区域创新系统的研究应该受到关注。关于创新系统的研究最早是从宏观层面开始的。Freeman（1987）率先提出了国家创新系统的概念。随后，中观层面的区域创新系统和微观层面的企业创新系统的概念相继被提出。而城市作为区域的核心区，在新思想的产生、技术进步以及知识型地区的发展等方面起到了非常重要的作用，城市创新系统已成为研究热点（孙红兵，2011）。

关于创新系统的概念，Cooke 和 Schienstock（2000）认为，具有明确地理界定和行政安排的创新网络与机构是组成区域创新系统的关键要素。而这些关键要素通过正式的或者是非正式的方式不断强化相互作用，以达到提高区域内部企业创新产出的作用。大学、研究机构、商会或行业协会、投资者、政府部门以及银行等都可以是创新系统的内部机构。赵黎明和冷晓明（2002）提出，城市创新系统是在以城市为中心的区域内，各种与创新相联系的主体要素（包括创新的机构和组织，如企业、政府、大学和科研机构）、非主体要素（包括创新需要的资源与物质条件）以及制度和政策（用以协调各个要素之间的关系）在创新过程中相互依存、相互作用而形成的社会经济系统。隋映辉（2004）则认为，城市创新系统是一种矢量集合、一个自组织创新体系以及一个创新生态系统，城市创新引发的扩散效应和科技产业带来的集聚效应被包含在此集合之中。王铁明和曾娟（2000）认为，城市技术创新体系是一种城市层面的组织和制度网络，其目的主要是为了达到创新活动中各个要素的效率最大化以及促使新知识和新技术创造与使用的顺利进行。而张德平（2001）提出，城市技术创新体系主要是一种由企业、大学、科研院所和中介机构等相关的知识机构组成的体系，它主要是为了使经济得到增长、让社会得以进步，并能够让新知识和新技术在体系内各个部分进行生产、应用与传播等，从而推动创新成为促进变化与驱动发展的关键。张辉鹏和石嘉兴（2004）认为，城市技术创新体系是一种创新网络系统，此系统包含了大学、企业、政府部门和研究机构等在城市范围内参与技术创新的主体，它们在系统中以一定的机制进行相互交融与延伸。

当前，学术界已有较多与区域创新系统结构相关的研究。张平（2003）构建的城市创新系统包含了教育创新、金融创新、基础设施创新和服务创新等四个支撑维度。该系统将产业创新与企业创新作为内核，将知识创新和技术创新作为基础，将环境创新与科技创新当作突破。唐启国（2004）认为，创新机构与组织等组成的主体要素与创新需要的物质条件（即非主体要素）连同政策及制度一起构建出城市创新系统。贺赛龙（2005）则以教育科研机构、中介服务机构网络、创业投资、创业中心和技术交易市场等五个基本支撑要点为基础，认为城市创新系统可以在上述五个基本支撑要点之上构建。

众多学者已关注到区域创新系统的运行机制并对其作出了研究。李正锋、逯宇铎和于娇（2015）聚焦区域创新系统中的知识产权保护机制，认为外部动力（如市场需求、区域竞争和国家创新引导）和内部动力（如企业利润、区域创新瓶颈和地方政府推动等）共同交织，推动区域创新系统发展。乔宇峰（2017）从微观的角度分析了区域创新体系的动力机制，重点探讨了创新主体的行为模式选择及区域创新体系的三层结构。王铁明和曾娟（2000）分析了城市创新系统在不同阶段中的运行机制，主要涉及从计划经济阶段到市场经济阶段，并得出了创新要素能否发挥作用很大一部分原因取决于经济体制改革是否完善的研究结论。赵黎明和李振华（2003）对城市创新系统的运行机制进行了较为深入地解析，并且基于系统动力学的方法构建了城市创新系统的动力学结构模型。张辉鹏和石嘉兴（2004）创新性地提出了成果转化机制、社会促进机制、创新调控机制和企业自成长机制等四大机制，构建了三元行为主体系统模型，对其最佳性态进行了分析，并且对城市技术创新过程进行了探讨。曾刚等（2006）通过实证分析了北京和上海两座城市创新系统的合作形式，认为对于企业高新技术开发能力建设而言，与科研机构及国内高校的合作显得十分重要，而对于企业明晰发展思路及进一步开拓市场来说，与外国公司的合作则更为有效。张省和顾新（2012）关注了城市创新系统的动力机制问题，并从系统运行的角度将城市创新系统的动力机制划分为生成机制、发展机制和演进机制。其中，动力生成可分为标识、聚集和黏着三个阶段；动力发展可分为流动、溢出和涌现三个阶段；动力演进可分为锁定、内卷和涨落三个阶段。目前，城市创新系统的研究基本延续了区域创新系统研究的内容，但关于城市创新系统的运行机制尤其是动力机制的研究还有待深入。

Furman、Porter 和 Stern（1999）认为，国家创新能力能否形成取决于以下三点：①有良好的创新基础；②具体产业集群的微观经济环境；③创新基础和特定产业集群的联系程度。以上三者缺一不可。Asheim 和 Isaksen（2002）认为，区域创新能力是由区域集群决定的，企业处于这个区域的核心层，制度基础是支撑核心的外围结构。Andersson 和 Karlsson（2002）在更小的区域环境内对 Asheim 和 Isaksen 的研究进行了验证。Andersson 和 Karlsson 认为，企业及相关参与者的合作和互动构成了区域的创新。魏江和申军（2003）以浙江省传统产业集群为研究对象，提出了“核心网络—辅助网络—外围支撑网络”的三层次创新网络结构。其中，核心网络包括供应商、竞争企业、用户和相关企业。这四类主体构成了网络创新的核心，外围支撑包括学校、政府、街道办事处、金融机构等。Schiuma 和 Lerro（2008）认为，区域创新能力由以下三个维度构成：一是区域的相关利益者；二是区域内部相关利益者与区域外部创新参与者构成的网络；三是当地的背景即当地的空间环境及相关资源。谭清美（2002）在研究中构建了一个无层次、无规律的网络，它是由创新主体、中介机构、区域内部市场、创新资源构成，政府等主体被置于中心位置。Autio（1998）认为，区域创新系统由知识应用和开发子系统以及知识产生与扩散子系统组成。其中，知识应用与开发子系统由消费者、承包者、合作者和竞争对手组成；知识产生与扩散子系统由科技中介机构、人力中介机构、公共研究机构、教育机构组成。这两个子系统的区别主要是公共部门与私人部门的区别以及商业化活动的区别。Kuhlmann（2001）关注政府对创新的管理方式（如市场驱动型与政府管制型的区别），将区域创新系统分为教育和科学子系统以及经济子系统和政治子系统。其中，教育与科学子系统包括学校、研究机构；经济子系统包括工业企业；政治子系统包括政治行政和中介机构。黄鲁成（2002）站在系统论的角度将运行过程中的创新、执行政策的创新、组织结构的创新和制度创新都称为区域创新系统。江兵、杨蕾和杨善林（2005）运用 ISM 技术，将区域创新系统划分为主体子系统、基础子系统和环境子系统。丁焕峰（2001）从区域创新系统的功能要素和创新对象角度出发，认为技术创新、发展战略创新、制度创新以及区域形象和营销创新四个子系统构成了区域创新系统。周亚庆和张方华（2001）将区域技术创新子系统划分为教育子系统、科技子系统、资金子系统、文化子系统和政府子系统。目前，对于区域创新能力结构的认识虽然存在多种流派，但是主流认识有以下三种：第一种认识是区域创新能力由核心层和支撑层两个部分构成，核心层中的企业形成产业链并产出产品（或服务），支撑层则为核心层提供人力、智力以及制度等方面的支持；第二种认识是区域创新能力是网络结构，创新体系中的各类主体作为网络节点相互关联、协同形成相对稳定的关系；第三种认识是系统观的观点，这种观点又有两个分支：一个分支认为，区域创新能力可以分为多个功能子系统模块；另一个分支认为，区域创新能力应该分为创新主体、创新功能和创新环境三个层面（如表2－2所示）。

表2－2　区域创新能力结构的主要观点以及代表人物

观点	具体表述及代表人物
核心层、支撑层	该观点认为，区域内的企业是区域创新系统的核心层，而诸如高等院校、科研机构、政策环境等制度基础结构则作为支撑层（Asheim & Isaksen，2000；Andersoon & Karlsson，2002；魏江和申军，2003）
网络结构	该观点认为，区域创新主体之间复杂的关系使创新系统不断地优化和发展，由此，区域创新系统必然由各种复杂的要素组成（OECD，1982；谭清美，2002）
系统观	一个分支认为，区域创新系统是由不同功能的子系统组成，研究视角不同，子系统的组成就不同（Autio，1998；Kuhlmann，2001；江兵、杨蕾和杨善林，2005）
	另一个分支认为，区域创新系统是由创新主体、创新功能和创新环境组成，完全站在系统学的角度概括创新体系的主要构成要素（胡志坚和苏靖，1999；丁焕峰，2001；冯之俊，2002）

在综合考量区域创新能力结构的基础上，国内外学者对于区域创新能力的测度进行了大量的研究，主要可以归纳为以下两类测量方法。

一是通过建立评价指标体系进行测量（范柏乃，2002；Furman & Hayes，2004；唐炎钊，2004；刘凤朝，2009），从不同角度进行区域创新能力分析，评价指标的分类和选取也各不相同。范柏乃（2002）分析提取了技术创新的配置能力、技术创新的支撑能力、技术产出能力、技术投入能力和技术管理能力五个方面作为区域技术创新能力的构成，并且利用隶属度分析、相关性分析和鉴别力分析选取了 33 项评价指标作为区域技术创新能力的具体测度。柳卸林和胡志坚（2002）以知识资本为探索视角，从创新科技的环境、知识的创造、知识的交流、企业的技术创新能力和创新带来的经济效益五个方面提取了 23 项指标对全国 31 个省份进行了技术创新能力评价。唐炎钊（2004）运用模糊综合评估模型，从企业方面的技术创新、知识的更新换代、知识的交流、资源的创新、科学技术发展的环境和创新效率六个方面对我国 12 个省份的区域创新能力进行了评价。

二是通过构建模型进行实际测度（Furman，1999；王家庭，2009；魏守华，2010）。学者们大多采用计量经济学的方法，并且将经济地理学加入了考虑范围。Furman（1999，2004）以专利授权量为因变量，以人均 GDP、研发人员数量、研究经费投入、投资贸易开放程度、知识产权保护程度、教育支出、技术专业化程度等为自变量构建了回归模型，对 OECD 成员国创新能力进行了评价。该研究结果显示，OECD 各个成员国创新能力的差异大部分原因归结于研发人员的数量和研发经费投入的差异，而产权保护、投资贸易开放程度、技术专业化程度等变量的差异对 OECD 成员国创新能力差异也产生了显著的影响。魏守华（2010）等以 Furman（1999）提出的国家创新能力分析框架为基础，对我国的省级区域创新能力进行了评价。其研究发现，创新效率（创新环境、产学研联系质量、技术溢出的吸收能力）更能影响一个地区的创新能力，并且使地区之间的创新能力差异呈扩大趋势。吴玉鸣和何建坤（2008）对我国 31 个省份创新集群的创新能力进行了空间模型分析，发现我国存在明显的创新集群现象，而这一现象主要是企业研究与开发的贡献，大学的学术研究没有对区域创新能力产生明显的推动作用。

虽然上述两类方法的研究视角和研究内容不同，但是它们的内在逻辑却存在可循的规律，基本是以区域技术创新能力的要素构成和结构体系为分析框架，并且将知识资本作为区域创新能力的内核，所以在学术界得到了积极的认可。

2.1.3 城市创新能力的内涵及测度

创新型城市及其相关研究逐渐变成理论界关注的热点问题。在探讨区域创新能力尤其是城市创新能力时，创新型城市也应当被提及。创新系统理论兴起源于 20 世纪 80 年代，为创新型城市研究的理论基础，但关于创新型城市的研究直到 2000 年以后才真正大量出现。Hall（1998）认为，面对经济的不断发展，能够对新事物进行不断地融合，并且渐渐形成具有创新特点的城市就是创新型城市。Landry（2000）则认为，一定要具有多样化、独立个性、有活力以及有包容性的公共空间、开放的思想与高质量人居环境的城市才能成为创新型城市。Hospers

（2003）指出，创新型城市应该是富有竞争力的城市，并且它对于知识经济应该起到孕育的作用，能够有效地结合不稳定性、多样性、积聚性以及良好声望等特征。Bradford（2004）提出，不同行业的人们聚集在一起并不断碰撞出新理念与新思想，不断努力使自己的工作、生活和娱乐等都变得更加舒适美好，还能为开展实验和创新活动等提供足够的空间与机会，这就是创新型城市应该具有的特征。世界银行（2005）指出，拥有完善的开展体育、文化和学术活动的公共设施，优良的各类基础设施以及高效的社会服务，拥有大量受过高等教育的劳动力和研究、开发以及创新能力，对于环境保护、居住条件极其重视以及接纳多元思想与文化自由碰撞等都是衡量创新型城市的基本标准。王瑞（2015）则认为，创新型城市是以创新为城市发展的核心驱动力，在城市空间的有效聚集的基础上，社会、经济、环境、基础设施等创新支撑要素突破原有的经济增长方式，强化区域辐射带动作用，推动城市经济可持续发展的涵盖知识、技术、服务和文化等创新核心要素的复杂创新系统。在此基础上，王瑞（2015）还提出，创新型城市必须基于一定的经济和社会基础才有可能形成，而城市创新活动却是任何一个城市都能够实现的，两者在层次角度、系统性差异、创新要素集聚程度以及涵盖范围等方面均有不同，所以不能一概而论。

近年来，众多学者对创新型城市的评价指标体系和评价方法进行了大量研究。各类评价指标体系包含的指标不尽相同。有的研究以创新载体、创新资源、创新品牌、创新成果和创新环境为创新型城市的评价指标（潘艳平和潘雄锋，2010）；有的研究将创新基础条件、创新效率、创新效益、创新体系、创新支撑引领功能、创新资源集聚和创新辐射示范作用作为评价指标（宋河发、穆荣平和任中保，2010）；有的研究以创新绩效、创新主体、创新机制、创新环境和创新资源为关键要素，并采用聚类分析法和因子分析法等进行评价研究（周纳，2010）；有的研究将创新绩效表现力、创新资源整合力、创新环境支撑力和创新网络运行力作为创新型城市竞争力评价指标，并对我国东部地区主要城市和长沙市进行主成分分析研究以及实证检验研究（李琳等，2011）有的研究以创新能力、创新支撑、开放水平和创新贡献为基础构建创新型城市四维结构评价体系，并以灰色关联系数法为探索方法（吴宇军、胡树华和代晓品，2011）。魏亚平和贾志慧（2014）在创新型城市评价中重点关注了创新驱动要素，并以此为基础建立了评价模型。许治和陈丽玉（2016）则通过测度创新型城市的技术成就指数达到了探索创新型城市发展水平及其差距的目的。马池顺（2013）关注了创新资源视角下的创新型城市成长问题，认为包括城市创新财力资源、城市创新知识资源、城市创新物力资源和城市创新人力资源在内的内部动力源与包括现代科学技术、城市竞争、国家宏观政策和合作双赢理念在内的外部动力源是创新型城市成长的动力来源。

虽然区域创新能力或城市创新能力与创新型城市不能被等同看待，但是大量学者对创新型城市的研究和探索为区域创新能力研究尤其是构建区域创新能力评价指标体系和评价方法等方面提供了参考。

城市创新作为一项异常复杂的活动，简单地对其概念进行界定过于片面。因此，一些学者从创新系统的角度出发研究城市创新能力。Freeman（1995）最先提出了对国家创新系统的研究，为创新理论研究提供了新的视角。在 Freeman 看来，国家创新系统可分为企业研发、产业结构、政府政策、教育培训四个要素。可见，国家创新系统体现了宏观层面创新要素之间的互动，将其纳入国家总体战略目标是为了深化和细化具体领域问题。Cooke（1992）提出，区域创新系统是一种具有创新产生要素的区域组织体系，该体系的构成主体为相邻企业和机构。张敦富等（2000）认为，区域创新系统是由各类创新资源、创新管理系统、创新机构和中介服务系统这四个相互协调的部分组成。区域创新系统丰富了创新系统研究的中观层面，为进一步探讨具体社会实践以及系统内实现科技成果转化问题，学者们开始将注意力集中到城市创新系统研究中。21 世纪初，我国学者开始进行有关城市创新系统的研究，赵黎明（2002）认为，城市创新系统是一个包括企业、政府、科研机构等主体要素的系统，该系统以城市为中心。何山（2013）认为，城市创新系统除创新主体之外，还应考虑创新资源和创新环境，并将其发展过程划分为萌芽、创立、成长、成熟和分化五个时期。

创新系统理论搭建了城市创新能力研究的总体框架。在此基础上，学者们相继提出各自对城市创新的定义。吴煜等（2003）认为，城市创新是与企业创新相对而言的，主要指城市在新经济环境下根据自己的实际情况确定自身创新战略，从而为提升城市竞争力奠定基础。李振华（2004）基于城市系统与外部环境互相作用的研究背景提出，城市创新应在一定地域环境中考虑自身城市的实际情况和特点，对城市诸多方面进行创新变革，以新的增长点促进城市可持续发展。李飞（2007）认为，城市创新需要创新主体在制度、文化等背景下，以提升城市综合竞争力为目标对要素进行新的整合。通过梳理发现，学者们普遍认可创新主体在城市创新中的重要作用，城市创新的目的是实现城市竞争力的不断提升。

目前，学术界尚未形成统一概念界定城市创新能力，而只是围绕这一中心进行了诸多富有意义的研究。周振华（2002）从创新概念出发，认为创新能力是支撑创新这种行为方式发生的能力，与创新行为不同的是，它能够保证创新的连续性。侯仁勇（2009）等将城市创新能力划分为科技、知识、产业、管理、服务和环境六个构成部分，知识和科技是核心，产业是载体，管理和服务提供保障，环境起到支撑作用。谢科范等（2009）认为，城市创新能力是一种需要从经济基础、科研能力、文化教育和技术环境四个层面形成支撑的综合能力。

通过从创新系统到城市创新再到城市创新能力的梳理，本书发现，学者们对城市创新能力的认识存在以下几个共同点：

第一，城市创新能力中创新主体多样并且发挥重要作用。探讨城市创新能力时会发现如文化、科技等驱动因素包含其中，创新主体则是这些驱动因素的原动力。由于不同主体的驱动力作用不同，形成了城市创新能力的差异。综合学者们的观点，可以将城市创新能力的主体概括为政府、高等院校和科研机构、企业以及中介机构。

第二，城市创新能力除受主体驱动力不同产生差异外，还受到制度环境、政策供给以及地理视域下的空间异质性等城市创新能力的重要特征的影响。

第三，城市创新能力的目的是推动城市总体竞争力的提升。

提高创新能力能够使城市创新实现持续性、长期性的发展。现有研究表明，创新不仅能够带动产业结构升级，对社会治理等方面同样具有重要的推动作用（刘伟，2016）。

城市创新能力是在创新系统理论基础上具体化的概念，包括多样的创新主体和影响因素，对于城市创新能力内涵的界定需要从不同维度探讨，对其测度同样需要从不同维度分析。本书对现有研究中关于城市创新能力核心要素的内容进行了梳理（如表 2－3 所示）。

表 2－3　城市创新能力核心要素

具体内容	内容来源
人才、技术、宽容	3T 理论
人力、文化、社会、制度、创意资本	5C 香港创意指数
产业规模、科技研发、文化、人力、社会环境	上海城市创意指数
贡献、成果、环境、投入、人才	北京文化创意指数
创新环境、集群环境、创新环境和集群环境的联系	张洁和刘伟科（2007）
创新基础、产业集群环境、产学研联系质量、区际科技溢出效应	魏守华（2010）

从表 2－3 中可以看出，城市创新能力核心要素的种类可以被概括为以下两类：一是具体创新投入要素；二是创新宏观环境要素。在分析城市创新能力核心要素之后，更重要的是对这些核心要素的测度，从而可以将其纳入定量分析中，有利于探析城市创新能力的作用和机制等问题。国内外学者对城市创新能力的测度大致可以划分为以下两类。一是通过建立评价指标体系测度，根据不同的研究侧重点构建不同指标体系。杜辉（2006）和石忆邵（2008）认为，城市创新能力的测度是一项

复杂的系统工程，要对城市各个方面的创新能力着重考虑，构建包括知识、技术、制度、服务、文化、环境等要素的综合测度体系。杨华峰等（2007）着眼于科技创新，将知识创新、技术创新、管理与制度创新等视为创新投入，同时，将创新综合绩效作为创新产出。同样从“投入—产出”角度构建指标体系的还有朱凌等（2008）、周纳（2010）和郭华巍（2011）。此外，李琬等（2010）和赵清（2010）认为，城市创新能力指标体系的构建除应考虑基础设施、技术创新等硬指标外，还应将人才储备、创新环境等软指标加入体系中。

二是基于计量模型测度城市创新能力。Freeman（2004）构建回归模型对国家创新能力进行评价，设置专利授权量为因变量，人均 GDP、研发经费投入、研发人员投入、市场开放程度、教育支出、技术专业化程度等为自变量。随着经济地理学的发展，城市创新能力的测度逐渐引入空间计量经济模型，利用地理加权回归、空间滞后模型、空间误差模型，在地理空间视角下测度城市创新能力的相关特征与效应。

2.2 区域创新能力的空间分布与演进趋势研究

2.2.1 区域创新能力的空间分布

区域技术创新能力的形成除了与知识、人力资本、科研机构、政府制度政策等相关外，与区域技术创新主体的空间分布也存在高度的相关性。例如，美国加利福尼亚的硅谷地区和环波士顿 128 号公路地区、英国东南部的剑桥科技园地区、日本的筑波科学园区、德国的慕尼黑科学园区、法国的格勒诺布尔科学园区……这些地区都是通过高技术产业集聚进而形成优质区域创新能力的成功案例。如果继续深究这些区域创新能力的形成，我们会发现，除了地区业已形成的企业制度、社会环境、文化氛围和创新机制外，它们在地理位置上与大学和研究机构毗邻是非常重要的因素。美国硅谷是区域创新的典型案例，该区域拥有苹果、英特尔、思科等一批大型高科技公司，同时聚集了大量以高新技术产业为主要业务的中小公司。该区域还毗邻加利福尼亚大学伯克利分校、加利福尼亚理工大学和斯坦福大学等一流的大学，为其产业聚集的发展提供了有力的智力与人才支撑。整个区域将基础科学研究、高新技术研发、产品生产深度融合。日本筑波地区也是世界创新能力较强的区域，20 世纪 80 年代，该地区聚集的国家级研究所数量约占日本全国科研机构数量的 40%。因此，研究地理上的空间分布对区域创新能力的影响是十分有意义的。

空间统计是为了解决空间位置关系问题而创立的一门科研技术，其发展可谓突飞猛进。20 世纪 90 年代，空间统计最先被运用在地质学和地理学领域，随后，经过改进的空间统计逐渐被应用到经济地理学当中。学者们不断创新发展空间统计，改变其传统的研究方法，为经济地理学提供实际检验方法，不仅促进了经济地理学的发展，也促进了空间统计科学技术的发展。空间统计的最新研究成果表明，空间里的事物存在的关联性跟其距离的远近有密切的联系，距离近的事物可以相互影响，并且拥有的特性也具有较高的相似度（Goodchild，1992）。空间统计包含的内容有距离、交互性（Interaction）、邻近性和邻域（Neighborhood）。其中，距离是指在空间里事物之间的位置远近程度；邻近性就是依据距离来判断事物是否相邻；领域是指在事物相互影响的情况下，设定要素判断其距离。通过了解这些空间统计的基本内容，可以判断并确定在空间位置中事物相互影响而产生的范围，确定事物发展对空间具有一定的依赖性。

空间依赖性（Spatial Dependency）的含义是：事物由于空间所处的位置而产生的相互影响。但是，事物之间的联系方式多种多样，不能只用依赖性来表达这种事物之间的关系，这样的表达过于单一和简单。所以，本书在分析空间统计科学技术中事物之间的关系时，采用了空间关联性（Spatial Association）一词。空间关联性是一种新型的表达方式，它更能说明空间事物之间的相互依赖程度，在一定程度上可能冲击了传统的统计理论，使传统统计理论中许多结论变得无效。由于它从根本上改变了以往的假设条件，这种统计方式可以为我们观察空间事物的发展规律提供独特的视角。例如，社会要素的空间聚集对经济增长的影响是怎样的？社会要素的空间聚集是否促成了区域经济发展的不平衡？这些问题从空间角度进行解释和测量更加接近实际生活。空间模式讲的是一个事物改变其距离的范围，影响其他事物在其空间中所有的排列顺序和特征。而空间过程是导致空间模式产生的根本原因。在统计上，空间过程具体体现为回归模型。为了促进城市和区域的发展，必须充分理解和运用空间模式，如人口增长率和就业增长率的计算。通过对空间模式的应用可以了解到未知的潜在的因素，如知识和信息的传播。空间模式在城市和区域发展中扮演着重要的角色，而且起到的作用越来越明显（杨振山和蔡建明，2010）。因此，从空间的角度理解城市和区域创新的分布情况和发展趋势是现代科学发展的方向，也非常符合现实的基本情况。

2.2.2　区域创新能力空间分布的演进趋势

Krugman 和 Feldman 提出的创新地理理论是基于当时社会发展的实际情况。创新地理理论的提出标志着新经济地理学已发展起来。通过解释区域内产业联系、空间报酬递增以及多样性的空间交互作用和资金、技术外部性等因素，可以理解创新地理理论中的区域创新能力。国外学者在这一理论领域开展了广泛的研究。例如，Feldman 在研究知识外溢对区域创新活动影响的过程中，意外发现知识外溢对创新活动具有强大的促进和支持作用。Anselin 在应用空间计量经济学时，改进了其传统的知识生产函数模式，并且对其具有真实性的数据进行了实践分析，发现空间滞后变量能够解释同心圆区域的所有活动特征。Fischer（2003）利用空间面板的数据模型验证了不同区域生产力之间存在的差异，说明区域创新能力中的技术存量对不同区域生产力有着重要的影响。他还发现，地理距离和技术溢出生产力之间存在正相关的联系，地理距离越近，技术溢出的生产力效用越强。Ciccone 和 Peri（2006）、Glaeser 和 Mare（2001）以及 Carlino（2007）发现，如果提高区域产业的密度，那么产业工人的工资和专利水平程度就会随之提高。Roderik、Frank 和 Koen（2010）以知识生产函数为主要框架，具体分析了荷兰实施的区域创新政策，发现学术研究机构能够影响区域创新能力的发展不仅是由于它们地理位置上的接近，而且也与大学和区域产业的合作关系网络有关。由以上研究结果不难推断，当区域产业密集度不断提高而促使人均工资、专利水平、教育科研水平提高时，很可能反作用于该区域的产业聚集程度，促使区域创新能力向发达地区聚集。

国内的相关研究虽然起步较晚，但是在这个问题上也取得了一定的研究成果。吴玉鸣（2006）使用空间回归模型研究首都区域具有的创新能力，发现由于人力资源和物力资源都聚集在首都区域，所以首都区域的创新能力具有正向的发展方向，而且能够产出高品质的科研成果，但是向首都周边范围的扩散能力还较弱，对首都区域创新能力的提升贡献有限。李志刚（2006）基于省际数据研究发现，我国创新产出在全局和局部都有明显的空间依赖特征，同时，我国创新产出的区域不平衡程度呈现逐渐加剧趋势，创新成果仅在少数省级行政区域聚集，并进一步检验和计算了正向空间相关性的作用强度。王匡（2010）在研究知识溢出影响区域创新时发现，如果投入同等的科学研究条件，在以虚拟空间为基础的知识溢出能够显著地影响区域创新能力，促进其高速发展；如果投入的科学研究条件一般，将会缩短知识溢出影响区域创新的周期。万坤扬（2010）在分析了我国技术创新区域的空间特性后，运用空间面板数据模型分析了我国在技术创新里空间格局变化的因素主要表现在企业科学研究和试验发展（R&D）经费支出、创业投资及企业研发的相互结合，并且相邻地区的技术创新会对本地区产生正向影响。魏守华（2011）运用塞尔指数和基尼系数等指标分析发现，我国区域创新能力在空间分布上具有向东部发达地区集聚的趋势特征，并且描述了我国区域创新分布的变化趋势。张战仁（2011）从地理空间视角研究了我国区域创新非均衡发展的影响因素和作用机制，运用空间经济学的计量方法分析了我国的区域创新空间特性，并且进一步研究了创新区际溢出与我国区域非均衡发展的关联特征。

从上述文献来看，区域技术创新能力存在空间分布的特征，而且大多数的学者证实了知识溢出是导致区域创新能力出现空间分布的主要原因。知识溢出是指区域之间通过信息交流而获取R&D成果，区域之间知识信息与创新产出的快速流动促使不同区域经济共同成长。一般情况下，知识创造者难以从知识溢出中获取补偿，即使能够获取一定的补偿，其价值也通常低于R&D成果的固有价值（王铮，2003）。而影响知识溢出的主要因素有以下两个：一是地理因素；二是吸收能力。在已有的历史资料中已经证实了邻近性能够解释知识溢出影响空间效益。但是，这种知识溢出效应和距离呈现反向相关的趋势，而且不受行政区域范围的限制，随着距离变远，知识溢出会逐渐衰退（Fischer，2003；吴玉鸣，2006）。吴玉鸣（2006）认为，距离分为以下三种：一是市场距离，即价值链上的相对位置；二是技术距离，即知识存量的差距；三是空间距离。区域吸收能力可以丰富知识、加强知识发挥作用的范围和程度，这样可以衡量范围内知识存量的大小。郑展等（2007）通过分析得出影响区域知识吸收能力的因素有以下两个方面：一是创新能力和知识交流能力的水平；二是科学技术投入和基础文化投入的水平。一个区域存储的知识能量越多，这个地区的知识溢出就越强，而且吸收知识的能力也越强。如果不同区域的知识存储量相差很大，说明这些区域存在技术距离和知识缺口。根据以上分析可知，知识存量绝对差距越小，越有利于知识的空间溢出（Caniëls & Verspagen，2001）。

2.3 区域创新能力的影响因素及影响机制研究

不同区域创新能力的规模和效率不尽相同，是何种因素导致了这种规模和效率的差异？这些因素又遵循何种规律作用于区域创新能力呢？要回答以上问题，必须分析是什么原因影响了区域创新能力的发展，其影响因素和影响机制是什么？这是研究制定区域创新能力提升路径的前提。国内外学者在这个方面进行了广泛而细致的探讨。

大多数国外学者在研究区域创新能力的影响因素和影响机制时遵循以下三种理论：①Romer 的内生增长理论；②Porter 的产业集群理论；③Nelson 的国家创新体系理论。虽然国内学者的研究思路仍遵从国外学者提出的三大理论，但是主要立足于我国国情进行研究，涵盖了创新要素、创新主体、创新环境等。

2.3.1 区域创新能力的影响因素

内生增长理论、产业集群理论和国家创新体系理论各有侧重，提出和强调的区域创新能力影响因素不尽相同。内生增长理论最先由 Romer 提出，主要研究 R&D 和知识资本影响区域创新能力的具体情况；产业集群理论主要分析了具体的因素影响区域创新发展的情况，这些因素包含资本投入、市场需求和网络产业等方面；Nelson 构建的国家创新体系对创新政策影响创新发展进行了具体分析。国内学者在这三大理论的基础上立足我国实际情况，提出在我国当下发展阶段外国直接投资（FDI）（陈劲等，2007）、区域环境（市场化、政府干预）（党文娟等，2008）等因素对区域创新能力也具有显著的驱动强度。

从整体上看，现有文献对于区域创新能力影响因素的研究与探讨具有基本的理论共识，即三大理论提出各自侧重的影响因素构成了学术界对区域创新能力影响因素的基本框架。但在不同的发展阶段和地缘环境等因素作用下，各个区域也可能出现新的对区域创新能力具有显著影响的因素。研究这类影响因素同样具有一定的理论指导意义，能够指导发展阶段和创新能力相对落后的区域科学地提升自身创新能力。

梳理现有研究可以发现，各个城市创新能力不尽相同，有些区域之间相差甚远。探析什么因素导致了这一现状，将有助于推测和检验制约城市创新能力发展的因素，进而寻找提升城市创新能力的路径和对策。对此，国内外学者进行了众多探讨，国外学者的观点大多数集中于内生增长理论、新经济地理学理论和国家创新体系理论。内生增长理论在增长理论中纳入研发理论和不完全竞争，构建了包括产出、资本、劳动力、知识等影响因素的内生增长模型。西方区域经济理论在地理空间视角下研究区域之间的贸易情况，为新经济地理学理论奠定了基础。在国家创新体系理论中，大学、科研机构、企业以及政府部门等主体之间进行创新活动，并受到技术行为因素和制度因素的影响。

国内学者开展对城市创新能力影响因素的研究晚于国外，因此，国内学者的研究思路基本遵循国外相关理论研究，同时重点关注我国基本国情，加入了制度因素、创新环境等多个方面要素。李习保（2007）运用随机模型对创新环境因素进行研究，发现教育投入和政府科技经费支出对城市创新能力有显著正向影响。周明（2008）从产业集聚视角进行分析，发现省域内的产业集聚和省级区域之间的知识溢出显著影响城市创新能力的区域差异。陈劲等（2007）探析了 FDI 的驱动强度，发现 FDI 对城市创新能力的影响并不显著。研发投入（包括研发经费投入和研发人员投入）一直都被认为是影响城市创新能力的重要因素。刘顺忠和官建成（2002）、虞晓芬等（2005）的研究中都将研发经费支出和研发人员投入作为衡量城市创新能力的基本指标，并均表明两者具有显著驱动强度。白俊红等（2009）应用 DEA—Tobit 方法对影响区域创新效率的因素进行了分析，加入了基础设施、市场环境、劳动者素质、金融环境和创业水平作为环境影响因素。该研究表明，劳动者素质对区域创新效率具有正向影响，创业水平对区域创新效率具有负向影响。刘孝斌（2015）以上海市为样本，运用多元回归模型分析了经济增长、教育水平、科技人员投入、科技资金投入、居民生活水平和城市环境对城市创新能力的影响，发现经济增长、教育水平对城市创新能力具有负向驱动强度，科技资金、科技人员投入和城市环境对城市创新能力具有正向驱动强度。

综上所述，现有文献对城市创新能力影响因素的研究基本形成了理论共识。在内生增长理论、新经济地理学理论和国家创新体系理论搭建的基本框架的基础上，国内学者选择纳入理论模型的初期指标有较大重合，具有代表性，影响因素的作用机制与实际情况基本相符，为接下来的研究提供了可借鉴的内容。但作者阅读大量文献后发现，以往大多数研究运用传统统计分析方法构建模型进行测度，城市创新能力容易受到地理区位因素的影响，基于“地理第一定律”，城市创新能力存在一定的溢出效应，单纯以传统回归模型分析其影响因素可能存在误差和偏倚。因此，在地理空间时间下探析城市创新能力影响因素的研究日益增多。

2.3.2　区域创新能力的影响机制

各种因素对区域创新能力的影响机制研究通常与区域创新能力影响因素研究联系紧密。国外相关研究将区域创新能力的影响因素划分为以下两类。一是具体说明这三种理论对于区域创新能力的综合影响。例如，Furman、Porter 和 Stern（1999），Andersson 和 Karlsson（2002），Walshok 等（2002）以及 Furman 和 Hayes（2004）等都认为影响区域创新能力的因素有很多方面，包括创新知识资本、创新政策制度环境、创新基础设施和产学研的联系质量等。他们运用各种分析方法分析这些因素对区域创新能力的影响。二是站在同一种理论的角度分析这种理论对区域创新能力的影响。例如，Porter 和 Stern（2000）、Riddel 和 Schwer（2003）、Chen 和 Kee（2005）、Mathews 和 Hu（2007）、Schiuma 和 Lerro（2008）都支持内生增长理论学说，并且通过实践认证表明了区域知识资产可以促进区域创新能力。

Fritsch（2004）等站在产业集聚理论的角度证实了区域创新能力在各个方面存在差异，而造成这种差异的主要因素是不同区域特征和创新合作情况的不同，并且证实了创新合作能够有效提升区域创新能力。

国内具有代表性的研究如陈劲等（2007）研究了FDI对区域创新能力的影响。该研究结果表明，FDI对区域创新能力的影响有限，增强自主创新能力、营造良好创新环境是提高区域创新能力的关键。党文娟等（2008）采用负二项分布（Negative Binomial Distribution）方法分析了区域环境（市场化、政府干预）对促进区域创新能力的影响机制。魏守华等（2009）运用面板数据分析研究了区域创新能力的影响因素及其影响机制，指出区域创新能力受创新基础条件和区域创新效率影响。任胜钢等（2010）研究了创新网络结构特征对区域创新能力的影响机制，发现网络规模、网络结构洞、网络开放性以及网络联系对区域创新能力有显著的正向作用。齐亚伟、齐亚伟和陶长琪（2014）利用GWR模型分析了物质资本集聚、人力资本集聚、能源足迹强度和环境规制水平等变量影响区域创新能力的空间分布规律。邵云飞和谭劲松（2006）、岳鹄和康继军（2009）、王锐淇和张宗益（2010）、冉光和等（2013）也开展了类似的研究。

2.4 区域创新能力的成长动力研究

现有文献多从区域创新能力的角度对城市创新能力的成长

动力进行阐述，主要包括以下两个方面：①区域创新能力的成长动力研究；②区域创新能力的驱动效应研究。

2.4.1 区域创新能力的成长动力研究

除了针对区域创新能力内涵与特征的研究外，围绕区域创新能力的研究还主要集中在区域创新能力的评价体系（包括评价指标体系构建、评价方法、评价流程）以及针对特定目标区域（或城市）的创新能力实证研究等方面。范柏乃等（2002）曾提出，技术创新产出能力、技术创新配置能力、技术创新投入能力、技术创新管理能力和技术创新支撑能力是城市创新能力的主要因素。张海峰（2009）将区域创新能力归纳为产业创新能力、服务创新能力、制度创新能力、技术创新能力和知识创新能力。孙红兵（2011）将区域创新能力拓展为环境创新能力、制度创新能力、中介服务创新能力、金融创新能力、技术创新能力和知识创新能力。王瑞（2015）将区域创新能力概括为创新支撑、文化创新、服务创新、技术创新和知识创新五个方面。

在评价体系的构建方面，赵黎明和冷晓明（2002）利用城市创新系统理论构建了创新能力评价指标体系。范柏乃等（2002）进行了实证分析与检验，并基于城市创新系统运行的结构模式，对城市技术创新能力评价体系进行了设计与构建。黄继和管顺丰（2007）建立了城市创新系统子系统创新能力评价的指标体系，并对搜寻、探索和选择三个系统进行了运用。雷仲敏（2007）利用城市创新系统的理论构建了城市科技创新系统评价指标体系。高晓霞等（2014）从创新潜力、创新投入和创新产出三个维度出发，构建了区域创新能力评价指标体系。

在实证研究方面，韩增林等（2008）构建了一套完整的评价指标体系，对大连市的城市创新能力进行了探讨，并比较分析了15个在我国创新体系中占重要地位的副省级城市的创新能力。谢科范等（2009）基于其构建的城市创新系统投入产出模型以及城市创新能力支撑结构钻石模型，对我国重点城市（如北京市、上海市、成都市、重庆市、兰州市及西安市等）的创新能力进行了比较研究。曹勇等（2013）利用1997—2009年我国4个直辖市的面板数据分析了4座城市的城市创新能力现状，并引入Theil系数模型对4座城市的创新能力差异进行了比较研究，通过运用回归分析与因子分析相结合的方法，进一步对影响城市创新能力的主要因素进行了分析。

众多学者还着重对创新能力的分析框架进行了探索。Furman、Porter和Stern（2002）提出了国家创新能力的分析框架，指出影响经济合作与发展组织国家创新能力的主要因素包括了产业集群的创新环境、创新基础设施以及科技与产业部门的联系质量。Furman、Porter和Stern（2002）还认为，国家创新能力的理论基础构成主要包括以Nelson为代表的国家创新体系理论、以Porter为代表的产业集群理论以及以Romer为代表的内生增长理论。Connolly（2003）基于发展中国家从发达国家引进技术有利于其技术水平的提升这一研究结果，构建了理论模型并且进行了论证。魏守华等（2010）在国家创新能力分析框架的基础上提出了区域创新能力的分析框架，并将创新基础、产业集群环境、产学研联系的质量和国（区）际技术溢出效应作为影响区域创新能力的重要因素。

针对区域创新能力的动力或影响因素，张海峰（2009）认为，影响城市创新能力的主要因素包括创新环境、创新资源的投入、创新的激励机制以及宏观经济发展水平。王瑞（2015）从创新驱动力的角度出发，构建了以创新支撑为“鼎力”、文化创新为“活力”、技术创新和服务创新为双“动力”以及知识创新为“潜力”的城市创新能力“五力”概念模型。修国义等（2017）重点关注了高等教育水平、外资开放度、规模经济、贸易交流度和产业结构升级程度等影响因素。朱俊杰（2017）从创新能力与吸收能力的互动演化视角出发，以创新投入与科技产出为创新能力变量，以人力资本与创新开放度为吸收能力变量，探讨了区域创新能力的动力。

众多学者已探讨了区域创新能力的影响因素，并构建了多种区域创新能力的分析框架，对进一步推动区域创新能力的成长动力研究有一定借鉴意义。但是，当前大多数研究成果仍然延续了以内生增长理论等为基础的探索结论，关于区域创新能力成长动力的探讨还需要进一步验证、挖掘与提升。

2.4.2　区域创新能力的驱动效应研究

在区域创新能力的成长动力研究基础上，有关区域创新能力如何被驱动以及各种成长动力的驱动强度如何测定的研究，同样是学术界关注的重点。部分国外学者认为，影响区域创新能力的因素包括基础设施、知识资本、政策制度环境以及产学研的联系质量等，并探索分析了以上因素对区域创新能力的驱动强度（Furman、Porter & Stern，2002；Walshok，et al.，2002），还有部分学者基于理论视角进行研究。例如，从内生增长理论出发探索知识资本对区域创新能力的驱动机制（Riddel & Schwer，2003；Chen & Kee，2005），或从产业聚集理论的角度研究创新合作对区域创新能力的提升效应（Fritsch，2004）。

国内学者还对区域创新能力的驱动效应和影响路径进行了大量探索。陈劲等（2007）主要聚焦于FDI对区域创新能力的影响，认为FDI对区域创新能力的影响有限，增强区域创新能力的关键在于营造良好的创新环境以及提升自主创新能力。李习保（2007）重点探索了区域创新能力的变迁，认为不同区域之间创新效率差异的逐渐扩大显著影响了我国区域创新能力的差异变化，而不同地区之间企业创新能力的差异和创新主体的构成不同直接导致了区域创新系统整体绩效的进一步集聚。党文娟等（2008）采用负二项分布方法分析了包括市场化和政府干预在内的区域环境对于促进区域创新能力的影响。任胜钢等（2010）研究了创新网络结构特征对区域创新能力的影响机制，指出网络规模、网络结构洞、网络开放性和网络联系对区域创新能力有着显著的正向作用。张帆（2012）基于结构方程模型探索了科技型人才聚集与城市科技创新的关系，并以太原市为例进行了实证研究，指出科技型人才聚集水平对城市知识创新能力和技术创新能力均存在直接正向影响。冉光和等（2013）利用1993—2009年我国29个省级单位的面板数据构建了面板门槛模型，探索了FDI对区域创新能力的影响，并得出金融发展的结构和效率能对区域创新能力产生有促进作用，而金融发展的规模对区域创新能力产生的作用并不明显。齐亚伟和陶长琪（2014）基于GWR模型，对环境规制水平、能源足迹强度、人力资本集聚和物质资本集聚造成的区域创新能力空间分异规律进行了分析，得出了当期环境规制、人力资本集聚和能源足迹强度对区域创新能力的影响存在较大的空间异质性的结论。吴迪（2015）重点关注了产业集群，认为产业集群能提升企业的自主创新能力和区域创新能力，而网络结构是产业集群在驱动区域创新能力过程中的基础保障。高翔（2015）从最大化创新能力的角度探讨了中国城市的最优规模，并基于1997—2010年中国地级及以上城市的面板数据，以发明专利授权量作为城市创新能力的代理变量，实证检验了城市规模和人力资本对我国城市创新能力的影响，得出了以上变量对城市创新能力提升具有贡献作用的结论。刘鹏和张运峰（2017）基于2008—2013年我国264座城市的面板数据，通过运用空间杜宾模型，对本土产业集聚模式影响FDI在城市创新中的区域内与区域间的溢出效应进行了探索。

当前，学术界对于区域创新能力驱动效应研究主要分为从单一驱动要素切入和从多种驱动要素切入两种，较多地探讨了创新投入、FDI、人力资本、产业集群和制度环境等对区域创新能力的影响机制。综合来看，对我国区域创新能力的研究大部分停留在省级层面，城市群和城市层面的研究在近几年也得到了一定程度的发展，但对于城市层面的多元驱动机制和不同城市群的影响机制还需加强探索。

综上所述，关于区域创新能力成长动力研究的主要结论为内生增长理论、产业集群理论和国家创新体系理论等是构成国家创新能力的理论基础，区域创新能力成长动力的相关研究大多数也延续了以上的理论内容。大量研究关注了区域创新能力的评价指标和评价体系构建问题，涉及的区域创新能力要素主要包括技术创新、知识创新、文化创新、服务创新和制度创新等，更为明确的区域创新能力成长动力或影响因素探索则主要涉及经济水平、人力资本、创新环境和产业结构等维度。现有区域创新能力成长动力研究的主要不足在于衡量区域创新能力的评价指标和评价体系较为繁杂，无法统一。不同文献中评价指标的理论筛选具有较强的主观性和随意性，部分评价体系的构建也缺乏科学性及系统性。一些文献关于区域创新能力成长动力或影响因素的界定较为笼统，对于区域创新能力自身的指标与成长动力的指标无法科学有效地区分与测量。

关于区域创新能力驱动效应研究，国内外学者较为关注区域创新能力的驱动效应及影响路径，并主要通过结构方程模型或利用面板数据进行回归分析等，探索了创新投入、FDI、人力资本、产业集群和制度环境等单一或多种驱动要素对于区域创新能力的驱动强度。我国部分学者关于创新投入、人力资本和产业集群对于我国区域创新能力存在显著正向影响达成了共识。现有区域创新能力驱动效应研究的主要不足在于：①因数据搜集的难易程度不同及其他原因，我国大部分研究仅面向省级及以上层面的区域，对于城市层面的研究还存在较大局限；②现有文献缺少面向同一层面不同区域的分类研究。该类研究中的区域创新能力驱动效应还需进一步深入探讨。

2.5 区域创新能力的政策供给与优化路径研究

区域创新能力的提升有明显的路径依赖，而且必须有相应的政策支撑。国内外学者从不同的研究视角讨论了区域创新能力的政策支撑体系并提出了不同的区域创新能力提升路径。

2.5.1 区域创新能力的政策供给

关于创新政策的内涵和定义，学术界已经有较为丰富的文献作为讨论和研究的基础。徐大可和陈劲（2004）认为，创新政策的含义是“一个国家或地区的政府为了促进创新活动的大规模涌现、创新效率的不断提高、创新能力的不断增强而采取的公共政策的总和，其最终目标是通过创新提高竞争力以实现持续的经济增长”[①]。OECD（1982）在定义创新政策内涵时，将科技政策与经济、社会、产业、教育、人力资源和能源等相关领域政策作为一个完整的体系。Gaudin（1985）提出了一种政策上的三级模式，具体是指操作级（智力投资）、结构级（重大项目）和关系级（竞争、协同的条件）。以 Gaudin 为代表，Rothwell（1986）、Dodgson 和 Bessant（1996）也持有相同观点，认为创新政策的目标是提高竞争力以实现经济增长；创新政策

① 徐大可，陈劲．创新政策设计的理念和框架［J］．国家行政学院学报，2004（4）：26－29.

的对象是创新活动；创新政策的内容是多个方面的政策的组合；创新政策的作用机制是协调多种政治决策的合理搭配模式。

有效地运用创新政策的功能有助于开展创新活动。国外学者针对如何设计出具有适用性的创新政策开展了一系列的研究。Dodgson 和 Bessant（1996）认为，创新政策具体包含以下三个内容：①减少创新壁垒的阻碍；②支持创新者实施活动；③技术文化的开展。Furman（1999）和 Walshok（2002）提出了不同的观点，认为创新政策要从创新环境的建设、创新基础设备和创新区域网络三个方面建设发展。Andersson 和 Karlsson（2002）认为，中小区域进行创新时应该加强与其他区域的合作，区域的领导者（政府）应该支持当地新企业的成长，针对本地区的薄弱点制定相应政策。Chen 和 Kee（2005）、Mathews 和 Hu（2007）、Schiuma 和 Lerro（2008）则从内生增长理论的视角出发，认为加强区域内的知识资本建设和积累是提升区域创新能力的重要方法，并就此提出了相应的建议。

我国学者对区域创新技术的研究关注度很高，大多数是从具体的政策设计和政策实施方面开展讨论。杨冬梅和陈柳钦（2005）的相关研究认为，产业集群是一种有效提升区域创新能力的方法，这种方法可以与政府实施的集群倡导政策相结合，使区域创新环境得到改善，形成可持续发展的环境模式。任锦鸾等（2007）详细介绍和系统分析了国外创新政策研究方法、管理体系、监督机制与中国的差异，综合分析了中国创新政策目前存在的问题，并且指出创新政策研究和创新政策管理中存在的不足是导致这些问题的主要原因，建议从完善创新政策理论基础、建立创新政策研究方法体系、构建创新政策综合管理体系和优化创新政策制定实施过程的管理机制四个方面提高中国创新政策的水平。常忠义（2008）通过系统分析区域创新创业政策支持体系的目标、原则和主要内容，提出构建区域创新创业政策支持体系应结合该区域的客观禀赋，注意在政策体系中明确政策目标，科学选择适合该地区发展的创新模式与路径，注重考虑创新效率提升等方面。张兆同（2009）认为，在设计区域创新能力相关政策体系时，应当从理性人角度出发，发挥有为政府、有效政府在区域创新能力提升中的积极作用，通过优化区域创新制度环境，减少创新的制度成本，为各个主体的创新行为做好服务与保障工作。此外，我国学者还从不同角度对创新政策的理论基础、制定方法、评估反馈机制等进行了扎实的研究与讨论（黄国平和孔欣欣，2009；王焕祥和袁阁臣，2011；赵林海，2013）。

从上述文献研究可以发现，区域技术创新政策的研究已经越来越受到国家（和地区）的重视；区域技术创新政策内容的涵盖范围也越来越广，已经涵盖了财政政策、税收政策、金融政策、人才政策、产业政策、知识产权保护政策等方面；对于区域技术创新政策的研究也越来越深入，从目标到障碍再到实现路径，都进行了一一解读（Dodgson & Bessant，1996；Furman，1999；Walshok，2002；Andersson & Karlsson，2002；Chen & Kee，2005；Mathews & Hu，2007；任锦鸾等，2007；Schiuma & Lerro，2008；周莹，2009；王焕祥和袁阁臣，2011；赵林海，2013）。通过对区域创新技术政策文献的研读，可以为区域技术创新能力的提升构建合理、全面的政策保障体系。

2.5.2 区域创新能力的优化路径

Autio（1998）通过研究区域创新系统，对于如何提升区域创新能力给出了政策建议。Kuhlmann（2001）通过分析欧洲的创新政策发展历程，制定了关于欧洲未来创新能力发展的政策体系。Mustar 和 Larédo（2002）通过研究法国的创新能力和相关政策，得出一系列结论以改变人们对于法国创新政策和研究的错误认识。Andersson 和 Karlsson（2002）认为，中小区域进行创新的时候应该加强与其他区域的合作，区域的领导者（政府）应该支持当地新企业的成长，针对本地区的薄弱点制定相应政策。Furman（1999）和 Walshok（2002）提出通过三个方面建设区域创新能力，即加大创新环境的建设、加强创新基础设施的建设和加强区域创新网络的建设。Chen 和 Kee（2005）、Mathews 和 Hu（2007）、Schiuma 和 Lerro（2008）从内生增长理论的视角出发，认为加强区域内的知识资本建设和积累是提升区域创新能力的重要路径，并给出了相应的政策建议。

国内学者从中国区域创新系统的现状出发，提出了很多富有针对性和应用性的提升区域创新能力的政策建议，包括加大创新的相关投入（刘军等，2010；王春阳和张超，2013；冉光和，2013；范允奇，2014）；完善社会主义市场经济制度，提高市场化程度（张玉明和李凯，2007；党文娟等，2008；王宇新和姚梅，2015；张鹏和于伟，2015）；通过发展金融和财政扶持，提供有力的资金保障（王学军和陈武，2008；王锐淇和张宗益，2010；冉光和，2013；王宇新和姚梅，2015）；通过引进和培育人才等，提高人力资源水平和智力资本（陈劲等，2007；

王学军和陈武，2008；王锐淇和张宗益，2010；王庆喜和张朱益，2013；齐亚伟和陶长琪，2014；王宇新和姚梅，2015；张鹏和于伟，2015)；加强政产学研合作，加强创新主体之间的合作互动（张玉明和李凯，2007；王庆喜和张朱益，2013；王宇新和姚梅，2015)；完善知识产权保护（冉光和，2013；黄亦鹏等，2014)；优化区域制度环境，推进制度创新（陈劲等，2007；王学军和陈武，2008)；完善技术中介，发展交易市场（王锐淇和张宗益，2010；王宇新和姚梅，2015)；提高企业自主创新能力，促进企业的创新活动（陈劲等，2007；王锐淇和张宗益，2010；王宇新和姚梅，2015)；吸引外资，提高外资利用质量（陈劲等，2007；王学军和陈武，2008；王庆喜和张朱益，2013；冉光和，2013)；提高政府能力和服务水平（王学军和陈武，2008)；推进产业集群式发展，培育特点产业（刘军等，2010；张鹏和于伟，2015)；加强区域之间的交流合作（王春阳和张超，2013；齐亚伟和陶长琪，2014）等。同时，学者们指出，中国不同区域差异较大，需要制定和实施不同的政策和措施促进区域创新能力的提高（党文娟等，2008；王庆喜和张朱益，2013；黄亦鹏等，2014)。侯鹏、刘思明和建兰宁（2014）指出，中国中部地区应注重加强知识产权保护、提高人力资本水平、加大金融体系对企业的创新支持，中国中西部地区则要特别注重加强制度环境建设、完善信息基础设施、因地制宜地推进特色优势产业集聚发展。

2.6 现有研究不足与本书研究切入点

2.6.1 研究共识与主要结论

国内外学者在区域创新能力方面做了大量的研究，丰富了区域创新能力理论体系，为本书提供了良好基础。现有文献的主要结论有以下几个方面：

（1）对区域创新能力的定义与内涵有以下三点共识。一是认为区域创新能力在一定程度上属于经济范畴；二是强调区域创新能力是一个系统的概念，是多种主体要素的集合体；三是区域创新能力有广义和狭义之分，狭义的区域创新能力主要强调技术创新能力，广义的区域创新能力还包含管理创新能力、制度创新能力和组织创新能力。

（2）区域创新能力结构的研究都以区域创新主体为核心，都强调创新主体对各种创新要素的综合集成能力。对区域创新能力的研究存在以下三种主流视角：一是“投入—产出”角度；二是区域创新系统的功能角度；三是区域创新能力的层次性角度。各研究角度虽然侧重不同，但都以区域创新主体为核心研究对象。

（3）区域创新能力的影响因素及影响机制研究主要以内生增长理论、产业集群理论和国家创新体系理论为框架，兼顾讨论不同发展阶段和发展特点的区域具有的阶段性、区域性影响因素。

（4）区域创新能力在空间上存在着分布差异，产生分布差异的原因是空间分布的不规律。影响区域创新能力空间分布差异的主要要素包括知识、人力资本、科研院所、创新政策等。区域的产业密度、产业互补性、产学研研究等要素的提升对于该区域的区域创新能力具有正向影响。中国区域创新能力呈现非均衡发展趋势，具有向东部发达地区集中的趋势。

（5）区域创新能力的提升有明显的路径依赖，而且必须有相应的政策支撑体系。

2.6.2　现有研究不足

从现有文献看出，学者们围绕区域创新能力的主题进行了丰富、扎实且富有意义的研究，为本书研究奠定了坚实的理论基础，提供了科学的研究指引。但总体而言，现有文献关于创新能力的内涵与特征界定尚未完全达成统一，从国家到区域再到企业层面的创新能力存在概念模糊与表述矛盾的问题。部分文献混淆了城市创新系统、创新型城市以及城市创新能力的内涵，在对其进行研究时缺乏明确划分与科学判断标准。此外，以城市为特定的研究对象，对城市创新能力的空间集聚和成长问题研究较少，尤其是关于城市创新能力的空间分布、成长特征、驱动机制和激励政策的相关研究更显不足。这些问题引起了国内外学者的关注，而且在未来社会发展中依旧需要重点研究。2015 年，在北京召开的中央城市工作会议明确提出，城市发展带动了整个社会经济的发展，把城市建设作为现代化建设的重要部分，在当今社会发展中具有重要作用。因此，在中国产业转型和经济发展动力不足的背景下，亟需对城市创新能力的空间分布、成长特征和驱动机制问题进行深入地理论探索和实证研究，以正确指导城市创新能力建设，全面提升城市创新能力，进而推动中国的产业转型和经济发展。总结现有文献对区域创新能力的讨论、研究成果，围绕该主题主要有以下问题值得进一步研究：

（1）区域创新能力的概念模型和结构测度有很多，国内外学者从多个角度对其进行了研究，但是目前尚没有统一的结论，尤其是缺乏可操作的概念模型指导区域创新能力的评价和建设。

（2）我国的创新指标体系不健全，不能够全面指导区域创新能力的发展。区域创新能力指标体系大多数是从“投入—产出”的角度进行考量，对于知识在区域内和区域之间的流动、产学研之间的联系和质量等问题缺乏足够的重视，更没有明确的方法对其进行计量和测算，而知识的流动和扩散恰恰是区域创新能力得以构建的重要影响因素。

（3）我国区域创新能力评价指标体系的建立不够科学，缺乏系统的方法进行指标的筛选和处理。主要表现在以下两个方面：①评价指标的理论遴选主观性和随意性较强，某些指标的选取缺乏客观性和合理性；②评价指标的实证筛选不够细致，没有用标准的分析方法甄别，导致指标之间相关性较大或者信息重复使用，由此降低了评价指标体系的科学性。

（4）对于区域技术创新能力的形成机理，没有完整的理论体系加以研究和分析。把知识资本作为激发区域创新能力的主要原因，已经得到了国内外绝大多数学者的认同，这也是本书对于区域技术创新能力形成机理研究的起点。但是，知识资本如何在区域创新网络中流动，抑或是说创新网络的要素、结构及各个要素之间的作用方式是怎样的，目前，国内外缺乏对这方面的系统研究，尤其是城市创新能力的形成机理在国内研究中还存在空白。通过文献梳理我们还发现，知识溢出是促使区域创新能力形成、呈现空间分布的主要因素，而且知识溢出主要受地理距离和吸收能力影响。但是，如何准确地表达地理距离和吸收能力，测量地理距离和吸收能力对区域技术创新能力的影响，国内外尚没有一个统一的结论。

（5）我国对区域创新能力的空间分布研究大多数集中于首都经济圈、长江三角洲地区和珠江三角洲地区、省级单元等行政区划相对较大的地理范围。那么，城市这个相对较小的创新区域其创新能力的空间分布有何特征？其创新能力的扩散对邻近地区带动效应如何？这些都是本书期望解答的问题。

（6）我国区域技术创新政策体系的研究对于研究内容的覆盖较为全面，从文献中就可以发现，对各种政策体系都有建议和设计。但是，仍存在一些不足。首先，政策体系的研究忽略了政策体系本身的理论研究，对政策战略、决策过程、政策评估等问题缺乏深入的探讨；其次，缺乏系统的方法进行政策工具的选择。我国的区域创新政策体系大多数依据现实存在的问题直接进行设计和选择，缺乏对实际需求的调查和研究，这样的区域技术创新政策无法及时有效地发挥作用。

2.6.3　本研究切入点

在以往相关研究的基础上，本书以中国大陆地区拥 100 万以上常住人口的城市（包括大城市、特大城市和超大城市三种类型）为研究对象，对中国城市创新能力的空间分布、成长特征和驱动机制问题开展深入的研究，着力回答研究意义当中提出的问题，并试图在以下三个方面有所突破：

（1）研发城市创新能力的空间分布图，运用空间数据分析，系统地揭示城市创新能力的空间分布特征。

（2）运用面板模型，系统地揭示创新政策、经济结构、产业集聚、人力资本、市场开放度等动力因素对城市创新能力的驱动强度。

（3）在政策供给分析的基础上，制定有利于中国城市创新能力提升及空间分布优化的激励政策。

第 3 章

城市创新能力的结构模型与测度体系

正如本书第 2 章所述，在以往研究中学者们对于区域创新能力没有给出完全一致的定义，但在以下三个方面取得了共识：一是经济产出能力是区域创新能力的重要特征，区域创新能力属于经济领域的概念；二是区域创新能力是一个系统性概念，包含创新主体、创新的要素和创新要素在不同主体间的流动机制、流动效率、经济产出绩效等；三是区域创新能力有广义和狭义之分，狭义的区域创新能力主要是指城市在科学技术方面的创新能力，广义的区域创新能力除了强调科学技术的创新能力外，还包括组织、制度环境和管理等因素。

城市创新能力是区域创新能力在城市尺度上的形态，基于对区域创新能力相关理论的梳理。本书将城市创新能力定义为：一个城市将知识转变为新产品、新工艺、新服务的能力。基于区域创新能力是经济领域概念的普遍共识，这一定义将知识转变为新产品、新工艺、新服务的过程视为创新过程，体现了内生增长理论的思想。本章3.1节将从理论角度详述这一观点。基于区域创新能力是一个系统性概念的共识，本书对城市创新能力的定义实际上内含了创新体系的作用，因为知识转化为新产品、新工艺、新服务的要素与过程内嵌于创新系统的框架当中，通过创新系统中各个主体及其相互间的作用，知识得以被创造并转化为创新产出（新产品、新工艺、新服务）。因此，本章3.2节在对城市创新能力构成要素与结构进行识别的过程中运用了创新系统理论的思想。在狭义概念和广义概念的选择上，为更好地聚焦研究问题，本书对城市创新能力的定义主要采用了狭义的区域创新能力概念，重点考察城市在科学技术方面的创新能力。本章3.3节将在城市创新能力概念内涵和结构模型的基础上构建城市创新能力的实际测度体系。

3.1 城市创新能力概念的理论诠释

3.1.1 城市创新能力的理论内核：内生增长

创新（Innovation）作为经济学概念肇始于熊彼特在《经济发展理论》中的经典论述。他系统地阐述了创新对经济增长的影响机理，提出技术创新促进了经济周期的发展。当出现一种新型的技术时，会创造出全新的市场需求或者激发潜在的市场需求。在利润的驱动下，企业对于生产资料和银行信用的需求就会放大，从而引起经济高涨；而当技术创新流入多个企业之后，企业的盈利就会相应减少，利润的减少导致企业对于生产资料和银行信用的需求缩小，经济就进入衰退期；经济的衰退会促使企业进行更加先进的技术创新，这又会导致下一个经济高涨期的到来。以此循环，形成了经济高涨和衰退的周期。自此，创新便作为经济增长的重要动力被学者们广泛讨论。Solow（1956）改变了哈罗德—多马模型原有的假设情况。他认为，资本和劳动是可以改变和替换的，所以他创作出一种新式的经济增长模式和模型以解释技术进步对经济增长的推动作用，但其模型中的外生“余数”没有得到很好的解释，成为著名的“索洛之谜”。围绕这一谜题，学者们就如何将该“余数”进行内生化做了大量的研究，而将知识和技术内生化（即对新古典经济增长模型中的 A 进行研究）是这些研究中的重要分支。丹尼森在《美国经济增长因素和我们面临的选择》中最先分解了技术进步的具体内容和操作性，把劳动者素质放在促进经济增长的重要地位。Uzawa、Stern、Romer 等的研究也表明知识是经济增长的重要因素。现有经济理论非常重视技术和知识外在性因素，因为他们不仅可以促进经济增长，还可以促进各个方面的高技能和高教育水平人才的交流。从而在技术创新的时候，加大投入 R&D、高教育水平的人力资源和基础设施等方面，这样才可以进行知识资本的积累，扩大经济规模和生产要素，使经济理论具有外部性。

随着对创新与经济增长关系探究的不断深入，经济的内生增长逐渐成为创新能力的理论内核。Arrow（1962）提供了一种节约时间、提高效率的模型，那就是“干中学”的模型，较早地从内生增长角度揭示了技术创新对于经济增长的推动作用。Romer（1986，1990）在 Arrow 的研究基础上，开创性地提出了内生经济增长理论，这种新型的经济增长理论融合了研究和开发内容，将知识和人力资源作为促进经济增长的持续动力，通过外溢效应来表达。Barro（1990）在 Romer 的研究基础上进一步研究，突出了政府在经济增长中的作用，他发现政府活动（提供基础设施和产权保护）可以实现规模递增，从而保证经济增长。Lucas、Grossman、Helpman、Howitt 等继续在内生经济增长模型的基础上研究了技术进步对经济增长的作用，深化和拓展了内生经济增长理论（唐德祥，2009）。内生经济增长理论是把知识存量影响经济创新能力的作用表达出来，证明支持的力量可以产生有效的作用，弥补传统经济增长理论的不足，使创新能力变得内生化。从上述文献来看，技术创新对于经济增长的作用机制在于技术创新增加了边际利润，并且引发产业结构调整，这种作用力促使企业和政府关注本土创新潜力的开发，从而使经济增长方式由资源推动向创新推动转型。

3.1.2 城市创新能力的表现方式：新产品、新工艺、新服务

从新产品、新工艺和新服务三个方面可以具体地表现出城市的创新能力。早期技术创新的主要来源是工匠出于兴趣的发明创造。因此，最初的内生增长模型将好奇心作为创新者投资知识等创造行为的主要驱动因素。随着经济的发展与经济学理论的不断深入，系统的研发活动取代了好奇心或兴趣驱使下的发明创造。在创新理论中，新产品、新工艺一直是推动经济内生增长的重要创新产出，也是创新能力的主要表现形式。学者

们对新产品、新工艺的研究成果较为丰富，一部分研究从宏观角度探究社会发展特征对于新产品、新工艺产出绩效的影响（Griliches，1986；Hall & Mairesse，1995；Bilbao－Osorio & Rodríguez－Pose，2004），一部分研究从微观层面研究固定资产投资、研发投入等经济投入对新产品、新工艺产出绩效的影响（Parisi，2006；Schiantarelli & Sembenelli，2006），发现固定资产投资和研发投入都能够促使生产力提高，但不同经济投入作用于生产力的路径与机理并不一致，研发投入主要通过技术创新以增加经济产出。

随着服务业在经济结构中比重的上升以及其对经济增长贡献比率的不断提高，学术界开始更多地关注新服务的产出，并且将新服务作为创新能力的重要表现形式。湛军（2017）对 1996—2015 年国外服务创新相关文献进行统计分析发现，服务创新研究成果数量逐年增加，这种现象在进入 21 世纪后更加明显。现有文献的研究内容主要集中于服务创新的概念内涵（Gallouj，1997；Sundbo，1997；Avlonitis、Drejer & Menor，2004）、开发过程（Alam，2002；Alam，2006）、创新策略和影响因素（Menor，2007；Miles，2008）等，逐渐形成了服务创新的研究框架并印证和解释了经济发展中新服务是重要创新能力表现形式的现实状态。

从以往文献可以看出，尽管在 Romer（1986，1990）的知识外溢模型中将知识作为经济增长的内生变量，但知识对经济增长的推动作用需在其转化为新产品、新工艺、新服务后才显著体现。综上所述，研究城市创新能力的活动，在其具体含义上可以表示为转变城市的知识资源，形成以新产品、新工艺和新服务为表现形式的城市经济增长模式。

3.2 城市创新能力的结构模型

3.2.1 区域创新系统：城市创新能力结构模型的理论基础

内生增长理论框架解释了创新的经济学意义以及创新活动对经济增长的作用过程，使我们对城市创新能力的理论内涵有了较清晰的认识。但是，内生增长理论对于城市创新能力的构成要素与结构并没有进行识别和分析。了解城市创新能力的构成要素与结构是实际测量城市创新能力、分析城市创新能力空间分布、成长动力和政策激励效应的基础。因此，首先应对城市创新能力的构成要素及关键维度进行识别，构建具有解释力的城市创新能力结构模型。

区域创新系统理论为识别城市创新能力的构成要素、构建城市创新能力结构模型提供了理论支撑。区域创新系统与国家创新体系一脉相承（Freeman，1987；Nelson，1993），在内生增长理论和国家创新体系理论的基础上，Cooke（1996）运用演化经济学视角提出区域创新系统（Regional Innovation System，RIS）的概念，并对其内涵和结构进行解释。他认为，区域创新系统概念源于演化经济学，具有多样性和系统性，是由研究机构、高等院校和企业支持创新的区域性组织系统。由此可以看出，对于早期的区域创新系统，主要是从各类创新主体（组织）

的角度对其结构进行分析。然而，各自独立的主体在缺乏有效互动的条件下难以完成系统的创新活动，在更进一步的研究中学者们开始关注主体之间的联结方式和相互作用。例如，Asheim 和 Isaksen（2002）以及 Andersson 和 Karlsson（2002）在研究区域创新系统时将其划分为以下三个部分：一是区域内从事生产并形成产业集群的企业；二是支持区域创新的制度基础结构，如研究机构、高等院校、产业协会和金融机构等；三是前两个部分的行动主体之间的相互作用，在这个体系当中，行动主体的相互作用被作为重要部分提出。随着对于区域创新系统的研究讨论不断深入，学者们对区域创新系统中必要创新主体的构成已形成主流共识，区域创新系统包含的机构有很多，具体有：相关服务机构、企业、金融机构、研究机构和高等院校等（胡志坚和苏靖，1999；Asheim & Isaksen，2002）。与此同时，主体间联结方式和互动作用的意义愈加被重视，在创新主体相对完备的条件下，如何配置创新要素等资源，使知识能够被有效创造、储备和转让，并最终形成新产品、新工艺、新服务成为提高区域创新能力、推动产业结构升级、形成区域竞争优势、促进区域经济跨越式发展的关键（胡志坚和苏靖，1999；黄鲁成，2000；江兵、杨蕾和杨善林，2005）。

分析现有研究，区域创新系统的内涵可被归纳为以下三个主要特征。①从构成要素的角度看，区域创新系统主要包括创新主体、创新要素两个部分。其中，创新主体包括学校、企业和非高校科研机构等（陈光和王永杰，1999；罗守贵和甄峰，2000），政府、金融机构、中介机构等是为创新活动提供资金、信息、制度环境等资源支撑的保障型主体（胡志坚和苏靖，

1999；黄鲁成，2000）；创新要素除了包括技术、人才、资金、信息等资源外，还包括政策环境、管理制度、文化氛围等“软性”要素（杨省贵和顾新，2011）。②把区域创新活动的开展作为该体系的核心目标，可以促进区域创新活动的发展，以此推动区域内新技术的产生和使用（赵修卫，2000；柳卸林，2003）。③创新主体间存在有效流动性的特征是区域创新系统的核心特征。传统的区域创新系统研究认为，当一个区域内各创新主体形成频繁的互动，即可认为在该地区形成了区域创新系统（Cooke、Heidenreich & Braczyk，2004）。尽管后来的研究对各个主体的互动形式有不同的见解，但各个要素在创新主体之间的有效流动性是区域创新系统的核心特征已成为这一研究领域的广泛共识。

区域创新系统内涵的相关研究已经对区域创新系统的构成要素有了比较清晰的解释和说明，但是对于各个创新主体在创新活动中的互动机理以及创新要素的流动等与区域创新系统结构相关的问题仍未做出相对统一的回答。学者们争论的焦点主要在于各个创新主体的联结方式（范柏乃、陈玉龙和段忠贤，2015）。一些经典研究认为，企业在区域创新系统中处于严格的核心地位，其他主体均处于辅助和支撑这一核心的外围地位（魏江和申军，2003；Andersson & Karlsson，2006）。也有一些学者通过研究，将大学和科研机构（Mathews & Hu，2007）或政府（Kuhlmann，2001；谭清美，2002）置于整个区域创新系统的中心。这些分歧的产生与学者们对创新过程的理解和其研究地区的自身禀赋有关（范柏乃、陈玉龙、段忠贤，2015）。一方面，创新过程并不是简单的“线性”过程，而是复杂的“互动”过程（Andersson & Karlsson，2006），创新过程的激发点并不遵循某一特定的规律（Fischer，2012），这使学者们对创新体系中心的认识多样化；另一方面，创新体系是一种多元化结构模式，它包含的内容有区域的发展潜力、技术转移的管制模式、区域一体化水平、区域壁垒和社会凝聚力等指标。目前，“互动型”的区域创新系统模型已经成为研究的主流认识，“二系统”模型（Erkko，1998）、“集群中心”模型（Andersson & Karlsson，2006）、GEM 模型（Padmore & Gibson，1998）等都是具有代表性的区域创新系统模型。我国一些学者也提出了新的模型或对现有模型进行优化、发展，为科学地分析区域创新系统提供了可供借鉴的理论框架（付丹和李柏洲，2009；杨晨和周海林，2009；郑展，2010）。综合以上区域创新系统的模型，归纳各个创新主体和创新要素互动关系，如图 3－1 所示。

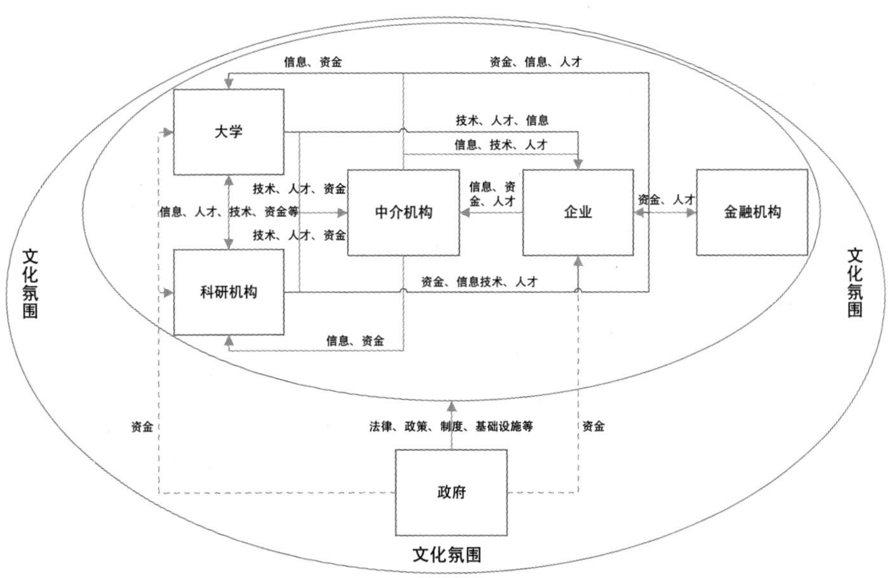

图 3－1　区域创新系统中创新主体与创新要素的互动关系

整个区域创新系统可划分为以下三个层面：第一个层面是包括企业、大学、科研机构等直接参与创新活动的主体以及促进以上三者之间要素流动的中介机构和提供资金的金融机构；第二个层面是为第一个层面的活动提供法律、政策、制度、基础设施保障的政府；第三个层面是整个区域的创新文化氛围。在直接参与创新活动的大学、科研机构和企业三类主体之间，技术从大学、科研机构流向企业，资金从企业流向大学和科研机构，人才与信息在三者之间相互流动。同时，各项创新要素通过中介机构在这三类主体之间流动，各要素通过中介机构后的流向与直接在三类主体间流动时一致。金融机构作为区域创新系统资金的主要来源，通过企业将资金投入到系统当中。政府为以上活动提供法律、政策、制度、基础设施等保障，也在一些区域创新系统中（尤其是发展中国家的区域创新系统），向企业、大学、科研院所提供鼓励性、扶持性的资金。文化氛围处于整个体系最外层，与其他主体和要素所构成的创新体系相互影响与促进。

3.2.2 城市创新能力结构的关键维度识别与模型构建

上述区域创新系统中创新主体与其他创新要素之间的关系框架，为构建城市创新能力的结构模型提供了理论支持。然而，区域创新系统与城市创新能力在概念内涵上并不完全一致。因此，需要在区域创新系统理论框架的基础上，进一步识别城市创新能力结构的关键维度并构建结构模型。在进行这一项工作之前，有必要先说明构建这一结构模型的两个原则性前提。首先，构建的结构模型必须基于本书对城市创新能力的定义；其次，考虑在后续章节的研究中需要依据此结构模型建立城市创新能力的实际测度指标体系，因此，所构建结构模型的各个维度必须具有可测性。根据上述两条原则性前提以及区域创新系统的理论框架，本书对城市创新能力结构模型的关键维度进行识别。

本书对城市创新能力的定义采取了狭义上区域创新能力的观点，主要考虑城市在科学技术创新方面的能力。因此，本书将城市创新能力的结构要素锁定在区域创新系统理论框架的第一个层面，即由高等院校、研究机构、企业和中介机构所构成的层面。这一层面包含的创新主体在功能上实现了“将知识转变为新产品、新工艺、新服务”的核心过程。而处于较外层的政府与金融机构以及更外层的文化氛围则主要是为第一个层面主体完成创新的核心过程提供必要的支撑和保障。本书在构建城市创新能力结构模型时，对政府、金融机构和文化氛围暂不进行讨论。

相对于区域创新系统，城市创新能力不仅在地理尺度上较具体，而且是一个“能力”的概念，更强调创新主体功能上的特征。因而，需要从区域创新系统第一个层面中抽象出可测量的创新主体要素的主要功能作为城市创新能力结构模型的关键维度。高等院校和研究机构的主要功能是知识创造，企业的主要功能是创新产出，中介机构的主要功能是促进知识流动。此外，高等院校、研究机构和企业还具有为创新提供必要硬件设施的功能。据此，本书从知识创造、知识流动、创新设施、创新产出四个关键维度构建城市创新能力的结构模型（如图 3 - 2 所示）。

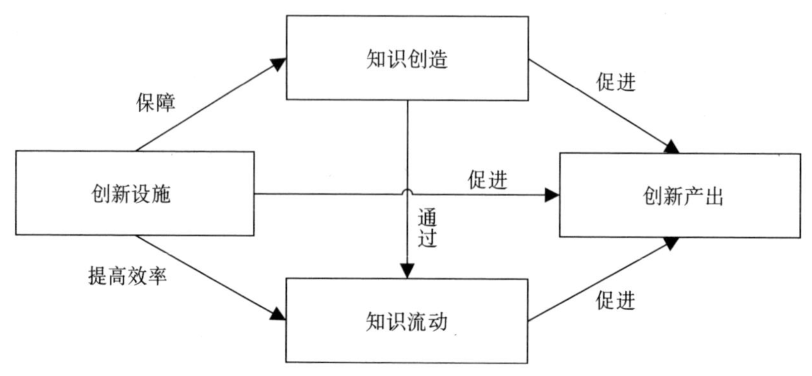

图 3－2 城市创新能力结构模型

从知识在内生经济增长理论、区域创新系统理论等理论框架中的重要意义不难得出，知识创造在城市创新能力之中占据主导地位。所以，要加大对知识创造的投入并提高区域创新能力的有效流动性和灵活性。经典的区域创新系统研究认为，当一个区域内各个创新主体形成频繁的互动，即可认为在该地区形成了区域创新系统（Cooke，2004）。虽然后来的研究对各主体间的互动形式有不同的见解，但要素在创新主体之间的有效流动性是区域创新系统的核心特征已成为这一研究领域的广泛共识，而知识流动正是技术、创新人才、资金、信息等创新要素在创新主体之间流动的综合体现（刘芳，2012；魏奇锋和顾新，2013；朱贻文等，2017）。创新设施是知识流动效率的重要保障，也是区域创新能力的重要指标（王鹏和王灿华，2014；马明，2015；褚怡春、杨永华和高翔，2017），因此，要把创新设施作为城市创新能力的基本结构模型，为其提供硬件设施。创新产出是区域创新绩效实际测度的常用维度，也是测量城市创新绩效的经典指标（宋德军、高志勇和韩朝亮，2017；王保乾和罗伟峰，2018），城市创新绩效可以把城市创新能力以最直接的方式表达出来。结合以往和现在的理论研究来定义城市创新能力，应当将创新产出作为城市创新能力结构模型的关键维度。

3.3 城市创新能力的测度体系

在厘定城市创新能力的概念内涵、构建城市创新能力结构模型的基础上，进一步分析中国城市创新能力的空间分布特征、演进趋势等，需要构建有效的城市创新能力测度体系，对目标进行科学的测量。

3.3.1 测度指标的理论遴选

本书根据构建的城市创新能力结构模型，将知识创造、知识流动、创新设施、创新产出四个维度作为城市创新能力指标体系的一级指标，在此基础上本书借鉴了德尔菲法的相关思路，邀请 20 位具有相关知识背景的专家（包括教授、副教授、博士研究生和硕士研究生）进行“头脑风暴”，在理论基础上，通过座谈、研讨方式使意见趋于一致，并对匿名性特点未加控制，将尽量多的、他们认为能够表示测度对象的指标作为城市创新能力测度指标体系构建的基础。德尔菲法是较为常用的方法，为提高指标的科学性，通过讨论得出的第一轮遴选指标如

表 3-1 所示。

表 3-1 城市创新能力测度指标第一轮遴选结果

编号	一级指标	二级指标
X1	知识创造	科学事业费用支出
X2		科研人员数量
X3		SCI 及 SSCI 论文发表数量
X4		获国家科技三大奖次数
X5	知识流动	国外技术引进合同数量
X6		技术市场成交额
X7		科研人员流动频次
X8		企业科研人员引进情况
X9	创新设施	高校数量
X10		非高校研究机构数量
X11		国家重点实验室数量
X12		人均图书数量
X13	创新产出	专利数量
X14		规模以上工业企业科技项目数量

注：国家科技三大奖指国家自然科学奖、国家技术发明奖和国家科学技术进步奖。

经过第一轮筛选的指标在理论上能够在一定程度上表征知识创造、知识流动、创新设施和创新产出这四个维度，然而，具体指标究竟在多大程度上能够表征目标维度需要进行隶属度的研究。隶属度不是常见的名词，一般都是在模糊数学领域比较常见。模糊数学顾名思义，就是认为我们的生活中不是全部清晰，存在模糊的一部分，没有办法说清楚讲明白。某个元素对于某个集合（概念）来说，不能说是否属于，只能说在多大程度上属于[①]。隶属度就是指这个元素隶属于这个集合的程度。隶属度研究即通过计算各指标的隶属度，将隶属度未达到临界值的指标删除，保留隶属度在临界值以上的指标。

为科学确定具有现实解释力的评估指标，本书采用隶属度分析法对评估指标进行实证筛选。隶属度分析法以问卷形式进行，调查对象是来自浙江大学具有相关学科背景的博士研究生和硕士研究生。他们具有较为扎实的理论知识和一定程度的相关研究经验，掌握对指标进行隶属度打分所必要的创新管理、地方政府管理等领域知识，打分结果具有科学性。隶属度打分是由每位评分者根据自身的知识，独立对每个指标对于准确测度目标对象的重要程度进行判断，按照“很不重要”“不重要”“中等程度”“重要”“很重要”的标准进行打分（1—5 表示重要程度的递增）。将所有有效问卷对同一指标评分的均值作为该评估指标的隶属度原始得分。

对各个平均得分进行标准化处理，标准化得分 I_i 计算公式如下：

$$I_i = \frac{F_i - F_{\min}}{F_{\max} - F_{\min}} \tag{3-1}$$

其中，F_i 为评估指标原始得分；$F_{\min}$ 为所有指标中的最低得分；$F_{\max}$ 为所有指标中的最高得分。标准化得分数 I_i 在 [0, 1] 区间内，视为该指标的隶属度。

用以上方法对经过第一轮遴选的指标进行实证筛选。经分析，第一轮遴选的各个指标的隶属度得分如表 3 - 2 所示。

---

① 范柏乃．政府绩效评估理论与实务［M］．北京：人民出版社，2005.

表 3-2 城市创新能力实际测度指标隶属度

编号	一级指标	二级指标	隶属度
X1	知识创造	科学事业费用支出	0.90
X2		科研人员数量	0.87
X3		SCI 及 SSCI 论文发表数量	0.77
X4		获国家科技三大奖次数	0.70
X5	知识流动	国外技术引进合同数量	0.82
X6		技术市场成交额	0.86
X7		科研人员流动频次	0.71
X8		企业科研人员引进情况	0.73
X9	创新设施	高校数量	0.84
X10		非高校研究机构数量	0.82
X11		国家重点实验室数量	0.82
X12		人均图书数量	0.77
X13	创新产出	专利数量	0.91
X14		规模以上工业企业科技项目数量	0.88

对第一轮遴选指标的隶属度分析结果显示，指标整体隶属度较高，均在 0.7 以上，说明第一轮遴选的效果较好。为进一步精简指标，提升指标对于城市创新能力实际测度的科学性和有效性，需要从这些指标中剔除隶属度相对低的指标。通过专家座谈法与若干教授、副教授、博士和硕士研究生进行讨论形成统一意见，确定城市创新指标隶属度临界值为 0.8。经过筛选，X3、X4、X7、X8 和 X12 被剔除，其余各项均被保留。在最后一轮专家座谈中，考虑到指标数据的代表性和可获得性，“国家重点实验室数量”这一指标尽管较高程度地表征了城市创新设施水平，但在大部分地级市中较少见，而且指标数据可获得性较低，建议删除。最终确定的城市创新能力指标体系如表 3-3 所示。

表 3－3　　城市创新能力实际测度指标体系

编号	一级指标	二级指标	隶属度
X1	知识创造	科学事业费用支出	0.90
X2		科研人员数量	0.87
X5	知识流动	国外技术引进合同数量	0.82
X6		技术市场成交额	0.86
X9	创新设施	高校数量	0.84
X10		非高校研究机构数量	0.82
X13	创新产出	专利数量	0.91
X14		规模以上工业企业科技项目数量	0.88

因无法在同一数据来源找到所有指标所需的参数，所以指标数据分别从《中国城市统计年鉴》《科技统计年鉴》和国家知识产权局专利检索系统获得。

3.3.2　测度指标的信度、效度检验

一个科学的评价体系需要经过信度和效度的检验。对一个系统的信度的判断分为几个不同的程度，可以采取不同的方法进行判断。例如，通过重新检测来判断信度。一般将信度记为字母 R，在对其判断的时候，如果 R 等于 1，说明这个评价系统评价结果的信度非常高，这个系统作出的判断值得信赖；如果 R 等于零，说明这个系统作出的判断完全错误，不值得采纳。一般情况下，评价系统的信度达到 70% 才符合要求。检查评价系统信度的方式种类繁多，下面将从内部一致性信度评价和折半信度评价两种方法展开。

内部一致性信度就字面意思而言就是根据一个评价系统本身

的一个内在部分各个方面的统一性程度，通过对这个程度的认识来对系统信度进行判断。在书中采用的是一个非常符合科学依据、实用性很强的方式对内部的统一性程度进行判断，计算公式如下：

$$R_{\alpha} = \frac{K}{K-1}\left(1 - \frac{\sum S_i^2}{S^2}\right) \tag{3-2}$$

其中，K 表示评价标准的数量；S_i 表示第 i 个判断标准的标准差；S_i^2 表示第 i 个判断标准的方差；S^2 表示判断最后分数的方差①。

内部一致性信度测试采集了2015年中国101座城市第三轮城市创新能力评价体系中知识创造、知识流动、创新设施、创新产出四个维度8个指标的标准差。应用SPSS软件，算出数据的整体方差，从而进一步得出各个区域创新力度的整体评价数据（如表3－4所示）。

表3－4　　城市创新能力评价体系的内部一致性信度

城市创新能力	知识创造	知识流动	创新设施	创新产出
0.684	0.767	0.752	0.733	0.785

从表3－4可以看出，除了城市创新能力外，其他几项城市发展数据都超过了0.7，表明城市创新能力的系数基本上都是一样的，内部有一致性，这就达成了某一目标。因为城市创新能力主要是由四个不一样的评价条件构成的，所以，从其根本上说，不一样的评价指标也应该有着不一样特性，这样就说明不一样评价指标所组成的城市创新力度的系数不一致。内部一致

① 王重鸣，心理学研究方法［M］．北京：人民教育出版社，2001.

性信度的研究成果显示，城市创新能力的内部一致性信度为 0.684，其所构成的创新能力是到达了目的的。

用折半信度验证城市创新能力的可信性，准确的方面是将 101 座城市的数据分为奇偶两个部分，分别计算出两个部分的指数 r_{xx}，再根据斯皮尔曼布朗的公式求出社会发展的可信度的系数 R_{XX}，用公式表示如下：

$$R_{XX} = \frac{2r_{xx}}{(1 + r_{xx})} \tag{3-3}$$

运用以上公式得出的城市创新能力的折半信度数据约为 0.7。这就代表了中国城市的创新能力达到的程度和水平。

效度指的是用来评价的工具对评测的数据有多大的准确度和真实性，换句话说就是测试数据的有效力度。效度越高表明测试的数据越精准，真实性越强，可以越容易达到目标。从统计学角度来说，效度指的是评测成果与评测要求的关联性。关联性越强则评测的结果越有用。对于部分评测机构来说，效度在某一程度上比信度更受到重视。所以，要想使测评体系合理化，拥有可选性，必须重视效度。

检查效度有很多方式，不同的评测性质有不同的评测方式。经常用于评测效度的方式有从内容上评测、从本身的设想评测等。本书仅对从内容上评测的方式加以展开。

从内容上评测效度，又称内容效度评测，主要指用工具测试的内容与其本身评测内容之间的重合力度，即检测的内容从本质上是否达到标准，是否适合当时的实际情况，评测的数据是否真实有效。在实际操作中，内容效度评测一般是由专门的管理人员凭借自身经验，与熟悉操作的人员经过检验计算得出来的。这些人员具有极强的专业性和时间操作测试能力，并凭借经验判断评测结果是否与评测对象相符。内容效度评测还有一个名称，即内容效度比，也称 *CVR*，它的计算方式如下：

$$CVR = \frac{n_e - \frac{n}{2}}{\frac{n}{2}} \tag{3-4}$$

其中，n_e 表示参数数值；n 表示专家参数总值。

为了判断中国城市创新能力第三轮评价体系的评价指标与城市创新能力的密切程度，本书邀请了 20 位具有丰富专业知识和实际经验的专家参加这次研究。在这 20 位专家中，有 17 位专家认为两个知识创造评价指标很好地反映了知识创造的内涵，16 位专家认为两个知识流动评价指标很好地反映了知识流动的内涵，16 位专家认为两个创新设施评价指标很好地反映了创新设施的内涵，18 位专家认为两个创新产出评价指标很好地反映了创新产出的内涵。根据以上计算公式可以得出，知识创造、知识流动、创新设施、创新产出四个评价标准的内容效度比（*CVR*）分别为 0.7、0.6、0.6 和 0.8。这个数据表明，中国城市创新能力评价体系具有较高的内容效度，即测量内容有较高的适当性和相符性。

3.3.3 测度指标的权重确定

在模糊综合评价中，对最终评价结果产生较大影响的是权重。确定指标权重的方法较多采用德尔菲法和层次分析法。德尔菲法通过专家主观对指标重要性进行赋值得到各个指标的权重；层次分析法通过指标之间的两两比较建立判断矩阵，从矩阵的特征值得到指标权重。层次分析法一直广泛应用于指标权重确定的实际操作中。相较于德尔菲法，层次分析法更为科学，其合理性也得到广泛的认可。因此，本书采用层次分析法确定城市创新能力评价指标的权重。层次分析法确定权重的步骤如下：

第一步，层次结构模型的确定。应用层次分析法的第一步是将评价对象进行层次分析，构建层次结构模型，从上到下依次为目标层、准则层、方案层。目标层即最终要判断的目标；准则层即判断目标所要考虑的准则；方案层即为实现目标可供选择的各种方案。

第二步，构造判断矩阵。层次分析法采用两两比较的方法，对每个层次中评价指标的重要性程度进行比较。依据萨迪 1 至 9 标度法则（如表 3-5 所示）填写标度，即每次取 2 个因素，用 a_{ij}表示 2 个因素对同一个因素 Z 的影响力度。若因素 i 与因素 j 对 Z 的影响程度的比值为 a_{ij}，则因素 j 对因素 i 的影响程度的比值为：a_{ji}，$a_{ji}=1/a_{ij}$，a_{ij}用数字 1 至 9 及其倒数作为标度。

表 3-5　　萨迪 1 至 9 标度法则

标度	含义
1	因素 i 与因素 j 同样重要
3	因素 i 比因素 j 稍微重要
5	因素 i 与因素 j 较为重要
7	因素 i 与因素 j 非常重要
9	因素 i 与因素 j 绝对重要
2，4，6，8	为两个判断之间的中间状态对应的标度值
为上列标度的倒数	因素 j 与因素 i 的比较

对于某一因素集 $A=\{a_1, a_2, \cdots, a_n\}$，将 a_i 和 $a_j(i, j=1, 2, \cdots, n)$ 通过上述方法两两比较，可得判断矩阵：

$$A=\begin{bmatrix} a_{11} & a_{12} & \cdots & a_{1m} \\ a_{21} & a_{22} & \cdots & a_{2m} \\ \vdots & \vdots & & \vdots \\ a_{n1} & a_{n2} & \cdots & a_{nm} \end{bmatrix}$$

第三步，评价矩阵的统一性检查。为了保证专家在进行指标的重要性判断时各种判断能够协调一致，不会出现错误的结果，会采用判断矩阵的一致性检验。具体步骤如下：

（1）计算一致性指标 CI。判断矩阵的值偏离一致性的程度不能过大。CI 值越接近 0，判断矩阵的一致性就越好，当 CI 等于 0 时，判断矩阵就达到了完全一致的程度。

（2）判断矩阵的一致性可以引入平均随机一致性指标 RI 来表示，各阶矩阵的平均随机一致性指标取值如表 3－6 所示。

表 3－6　平均随机一致性指标 *RI* 的取值

阶数	1	2	3	4	5	6	7	8	9
RI 值	0.00	0.00	0.58	0.90	1.12	1.24	1.32	1.41	1.45

（3）当阶数大于 2 时，判断矩阵的一致性指标 CI 和同阶平均随机一致性指标 RI 的比率就成为随机一致性比率，记作 CR。即：

$$CR = CI \div RI$$

当 CR 小于 0.1 时，表示判断矩阵的一致性可以被接受；当 CR 大于等于 0.1 时，就要对判断矩阵进行适当的调整。

第四步，层次单排序。层次单排序是指计算出某层次因素相对于上一层次中的某一因素的重要性，其具体步骤如下：

（1）将矩阵按行分别相加，用公式表示为：$w_i = \sum_{j=1}^{N} \frac{a_{ij}}{N}$，得

到列向量

$$\bar{w} = [w_1, w_2, \cdots, w_N]^T, \quad i = 1, 2, 3, \cdots, n$$

（2）将所得的向量 w 做归一化处理，即可得到单一准则下所求的各个被比较元素的排序权重向量。

第五步，层次总排序。层次总排序是指方案层的各个因素对于目标层的相对重要性权重。

假设上下两层分别为 A 和 B。A 层次包含 A_1，A_2，…，A_m 共 m 个因素，其权重分别为 a_1，a_2，…，a_m。B 层次包含 B_1，B_2，…，B_m 共 n 个因素。B 层次关于 A 层次某一因素 A_j 的层次单排序权重为 b_{1j}，b_{2j}，…，b_{nj}，则 B 层次因素的层次总排序权重 b_i 的计算公式为：

$$b_i = \sum_{j=1}^{m} b_{ij} a_j, \quad i = 1, 2, \cdots, n$$

根据上述公共政策质量评价指标体系，可形成城市创新能力评价的层次结构图（如图 3－3 所示）。

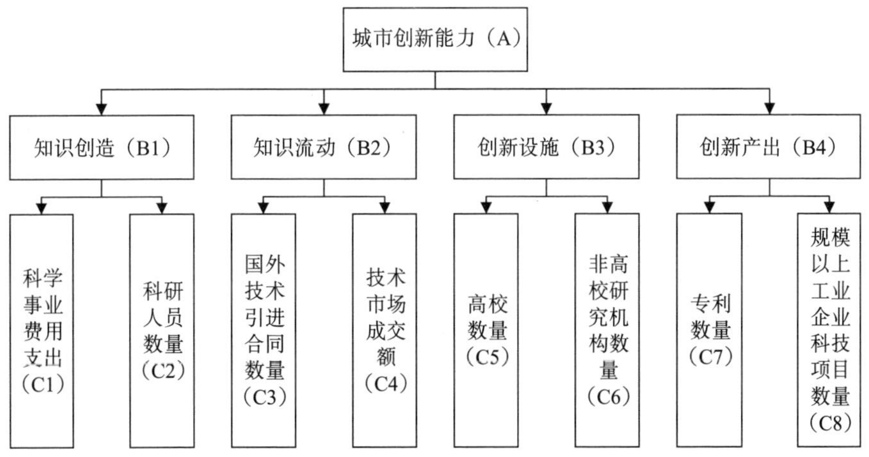

图 3－3　城市创新能力评价层次结构图

根据图 3－3，构造判断矩阵。通过专家咨询表，邀请政策研究领域的专家对公共政策质量评价指标的重要性进行打分，讨论形成比较一致的指标重要性打分结果。指标的判断矩阵可根据该打分结果得出。

先计算 B 层指标相对于 A 层的权重，再计算 C 层指标相对于 B 层指标的权重，然后运用 yaahp 7.5 软件计算各个指标判断矩阵及检验结果，进行一致性检验和层次单排序，最终通过层次总排序得出各个指标权重系数（如表 3－7 所示）。

表 3－7　城市创新能力评价指标权重系数

编号	一级指标	二级指标	指标权重
X1	知识创造 0.2500	科学事业费用支出	0.1333
X2		科研人员数量	0.1167
X5	知识流动 0.2500	国外技术引进合同数量	0.1174
X6		技术市场成交额	0.1326
X9	创新设施 0.2500	高校数量	0.1290
X10		非高校研究机构数量	0.1210
X13	创新产出 0.2500	专利数量	0.1429
X14		规模以上工业企业科技项目数量	0.1071

第 4 章

城市创新能力的实际测度与空间分布

在厘清城市创新能力概念内涵、构建城市创新能力结构模型和实际测度指标体系的基础上，本章将选取 2002 年、2012 年和 2015 年 3 年的截面数据，进一步对中国拥有 100 万以上人口的城市的创新能力及其构成维度进行实际测度，研究在不同截面上中国城市创新能力的整体特征、空间分布特征和空间分布的格局演变，并选取具有代表性的城市进行聚焦式的案例分析。

4.1 基于横截面的城市创新能力测度与统计分析

4.1.1　城市创新能力的实际测度与描述性统计分析

在本书第 3 章构建的中国城市创新能力的实际测验体系的

前提下，本章采集自《中国科技年鉴》《北京统计年鉴》等的各种指标统计数据，对拥有100万以上人口的城市（以2002年城市常住人口数为基准，共计101座）2015年的创新能力进行实际测度，经无量纲化处理后的测量结果[①]如表4－1所示。

表4－1　2015年我国101座拥有100万人口以上城市的城市创新能力测量结果

城市	创新能力	城市	创新能力	城市	创新能力	城市	创新能力	城市	创新能力
鞍山	0.034849	广州	0.468604	乐山	0.01691	汕头	0.028154	西安	0.361133
巴中	0.003862	贵港	0.002097	临沂	0.025813	商丘	0.0205	西宁	0.039026
包头	0.028663	贵阳	0.112009	六安	0.023325	上海	0.561625	信阳	0.018134
北京	0.913597	哈尔滨	0.201728	泸州	0.022556	深圳	0.362593	宿州	0.015834
亳州	0.006811	邯郸	0.033917	洛阳	0.055753	沈阳	0.193563	徐州	0.090396
常德	0.019941	杭州	0.279551	茂名	0.017531	石家庄	0.185641	烟台	0.061636
常州	0.132659	合肥	0.243605	绵阳	0.069828	苏州	0.287855	扬州	0.077517
成都	0.350359	菏泽	0.016815	南昌	0.183333	随州	0.006987	宜昌	0.04204
赤峰	0.013516	呼和浩特	0.077012	南充	0.018504	遂宁	0.009342	益阳	0.016325
大连	0.137495	湖州	0.048118	南京	0.347602	台州	0.067476	永州	0.011519
大庆	0.036775	淮安	0.052954	南宁	0.115812	太原	0.1594	枣庄	0.017433
大同	0.011686	淮南	0.025716	南阳	0.036373	泰安	0.039211	湛江	0.016636
东莞	0.106341	吉林	0.050499	内江	0.014401	唐山	0.045466	长春	0.14941
鄂州	0.008836	济南	0.278489	宁波	0.154874	天津	0.335539	长沙	0.220909
佛山	0.114411	济宁	0.050507	莆田	0.012287	天水	0.019279	镇江	0.077862

① 处理后的结果落在区间［0，1］。

续表

城市	创新能力	城市	创新能力	城市	创新能力	城市	创新能力	城市	创新能力
福州	0. 135763	江门	0. 034046	齐齐哈尔	0. 038564	潍坊	0. 077709	郑州	0. 23215
抚顺	0. 022118	荆州	0. 036053	钦州	0. 008151	温州	0. 081895	中山	0. 085177
抚州	0. 014992	昆明	0. 156129	青岛	0. 168247	乌鲁木齐	0. 08615	重庆	0. 293916
阜阳	0. 025331	莱芜	0. 017453	日照	0. 012986	无锡	0. 187539	资阳	0. 007327
广安	0. 00596	兰州	0. 086713	厦门	0. 08791	武汉	0. 384737	淄博	0. 057936
自贡	0. 016579	—	—	—	—	—	—	—	—

对 2015 年中国各个城市的创新能力得分进行统计分析发现，中国城市创新能力的平均值为 0. 1077、中位数为 0. 0505、标准差为 0. 1410，分布直方图和分布曲线如图 4 – 1 所示。

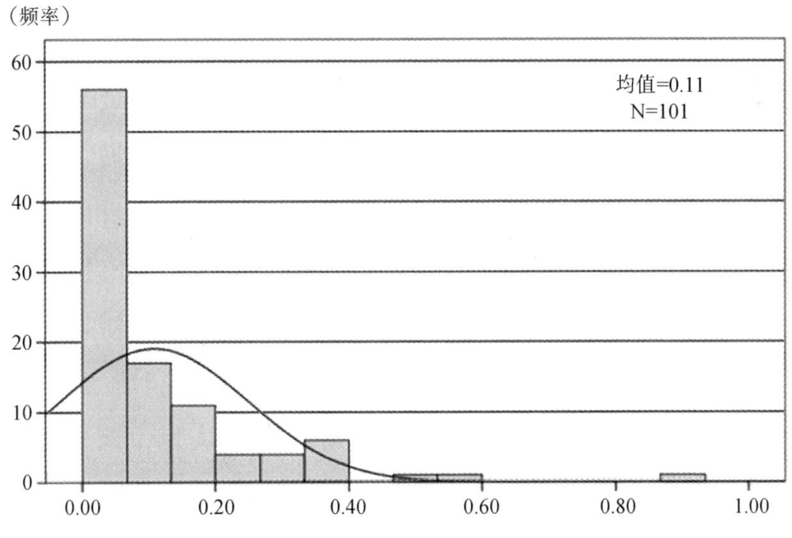

图 4 – 1　2015 年中国城市创新能力得分分布

从图 4 – 1 可以看出，中国的城市创新能力整体呈现头小底座大的“金字塔”型分布，大多数城市创新能力得分集中在0.2以下，且城市分布频数随分数由低到高逐渐减少。城市创新能力得分大于0.2的城市较少，但平均得分均显著高于其他城市。这样的分布说明，中国城市之间创新能力的差距较明显，大部分城市的创新能力仍有较大提升空间。值得注意的是，中国创新能力相对领先的城市已形成了一定的城市群体，这一群体的平均创新能力显著高于其他城市，可能成为中国创新发展的重要动力来源。

4.1.2 城市创新能力差异性的方差分析

通过对2015年中国城市创新能力得分的描述性分析，我们已经了解，中国城市创新能力整体呈现“金字塔”型分布。为进一步了解和把握中国城市创新能力的分布状况，本书对中国不同城市的创新能力进行了分析。现有研究认为，中国创新能力较高的城市集中分布在中国东部沿海的经济较发达地区以及中西部地区的中心城市（王俊松、颜燕和胡曙虹，2017）。据此，本书假设城市创新能力的“金字塔”型分布与城市的经济社会发展水平有关。为验证这一假设，我们先按照目前较通用的办法，将研究样本中的101座人口100万以上城市按照经济社会发展水平划分为一线城市、新一线城市、二线城市、三线城市和四线、五线城市。包括若干教授、副教授和博士研究生、硕士研究生在内的15位专家座谈讨论后一致认为，该分类具有较高的科学信度与效度，可以作为城市经济社会发展水平分类的参照标准。因此，本书采用2015年101座人口100万以上城市的创新能力截面数据，以城市经济社会发展水平分类为因子做描述性分析和单因素方差分析。在做单因素方差分析前，先对数据进行 Levene 检验，以验证方差齐性与否。城市创新能力和知识创造、创新设施、创新产出和知识流动四个维度数据方差的验证结果均为齐性（如表 4－2 所示）。

表 4－2　城市创新能力及各个维度数据方差齐性检验

指标	Levene 统计量	df_1	df_2	显著性
创新能力	32.158	4	96	0.000
知识创造	28.792	4	96	0.000
创新设施	29.838	4	96	0.000
创新产出	19.224	4	96	0.000
知识流动	40.441	4	96	0.000

本书在通过方差齐性检验的基础上，首先对城市创新能力做以城市经济社会发展水平分类为因子的描述性分析和单因素方差分析。从描述性统计结果看，样本中一线城市、新一线城市、二线城市、三线城市以及四线、五线城市在城市数量上依次递增。其中，一线城市有 4 座，分别是北京市、上海市、广州市和深圳市；新一线城市有 15 座，分别是成都市、杭州市、武汉市、重庆市、南京市、天津市、苏州市、西安市、长沙市、沈阳市、青岛市、郑州市、大连市、东莞市和宁波市；二线城市有 22 座，分别是济南市、合肥市、哈尔滨市、无锡市、石家庄市、南昌市、太原市、昆明市、长春市、福州市、常州市、南宁市、佛山市、贵阳市、徐州市、厦门市、兰州市、乌鲁木齐市、中山市、温州市、台州市和烟台市；三线城市有 29 座，分别是镇江市、潍坊市、扬州市、呼和浩特市、绵阳市、淄博市、洛阳市、淮安市、济宁市、吉林市、湖州市、唐山市、宜昌市、泰安市、西宁市、齐齐哈尔市、大庆市、南阳市、荆州

市、鞍山市、江门市、邯郸市、包头市、汕头市、临沂市、抚顺市、南充市、湛江市、莆田市；四线、五线城市有31座，分别是淮南市、阜阳市、六安市、泸州市、商丘市、常德市、天水市、信阳市、茂名市、莱芜市、枣庄市、乐山市、菏泽市、自贡市、益阳市、宿州市、抚州市、内江市、赤峰市、日照市、大同市、永州市、遂宁市、鄂州市、钦州市、资阳市、随州市、亳州市、广安市、巴中市、贵港市。从各类城市均值统计结果看，一线城市的城市创新能力均值为0.5766（$SD=0.2392$），新一线城市的城市创新能力均值为0.257（$SD=0.0904$），二线城市的城市创新能力均值为0.1365（$SD=0.0582$），三线城市的城市创新能力均值为0.0436（$SD=0.0188$），四线、五线城市的城市创新能力均值为0.0145（$SD=0.0062$），均值依次递减（如图4-2所示）。从描述性统计分析结构看，基本验证了中国城市创新能力分布的“金字塔型”结构。

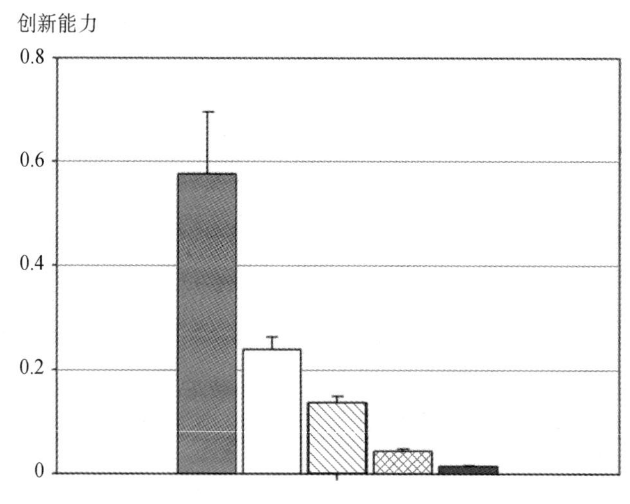

图4-2　城市创新能力均值描述性统计

为更加充分地验证不同经济社会发展水平的城市创新能力差异，本书对城市创新能力做了以城市经济社会发展水平分类为因子的单因素方差分析。同时，为了更好地把握不同经济社会发展水平的城市创新能力之间的差异在每个维度上的具体表现，本书还对城市创新能力的四个维度分别做了以城市经济社会发展水平分类为因子的单因素方差分析。

以城市创新能力作为因变量的单因素方差分析结果显示，一线城市、新一线城市、二线城市、三线城市和四线、五线城市的创新能力存在显著性差异（如表4-3所示），而在组间两两比较的方差分析中，多数组别之间也存在显著性差异（如表4-4所示）。

表4-3　　　　城市创新能力单因素方差分析结果

分类	平方和	*df*	均方	*F*	显著性
组间	1.621	4	0.405	105.741	0.000
组内	0.368	96	0.004	—	—
总数	1.988	100	—	—	—

在组间两两比较的方差分析中，一线城市的创新能力均值显著高于其他类型城市；新一线城市的创新能力均值与一线城市相比仍有显著差距，但与二线城市、三线城市及四线、五线城市相比则有显著优势；二线城市的情况与新一线城市类似，即城市创新能力显著低于一线城市和新一线城市，但显著高于三线城市和四线、五线城市。值得注意的是，三线城市和四线、五线城市的创新能力没有显著性差异（$p=0.072$），但均显著低于其他类型城市，这两类城市在本书样本中的比例近六成，在全国所有城市（地级市）中占比达到64.8%。由此可以看出，

尽管近年来已经处于中国城市创新能力“金字塔”上部的城市在创新发展方面有不错的表现，但从整体上看，“金字塔”的底座仍然较大。

表4-4　　城市创新能力单因素分析的两两比较

城市级别（I）	城市级别（J）	均值差（I-J）	标准误	显著性
一线城市	新一线城市	—	—	—
	二线城市	0.44009	0.03365	0.000
	三线城市	0.53301	0.03302	0.000
	四线、五线城市	0.56215	0.03289	0.000
新一线城市	一线城市	-0.31965	0.03483	0.000
	二线城市	0.12044	0.02073	0.000
	三线城市	0.21336	0.01969	0.000
	四线、五线城市	0.2425	0.01947	0.000
二线城市	一线城市	-0.44009	0.03365	0.000
	新一线城市	-0.12044	0.02073	0.000
	三线城市	0.09292	0.0175	0.000
	四线、五线城市	0.12206	0.01726	0.000
三线城市	一线城市	-0.53301	0.03302	0.000
	新一线城市	-0.21336	0.01969	0.000
	二线城市	-0.09292	0.0175	0.000
	四线、五线城市	0.02914	0.01599	0.072
四线、五线城市	一线城市	-0.56215	0.03289	0.000
	新一线城市	-0.2425	0.01947	0.000
	二线城市	-0.12206	0.01726	0.000
	三线城市	-0.02914	0.01599	0.072

那么，城市创新能力相对较弱的城市与城市创新能力较强的城市相比，是存在全方位的差距还是在某一个或两个维度上

存在短板？为了弄清楚这个问题，本研究做了进一步的分析，对城市创新能力的四个维度分别做了单因素分析。该分析结果显示，在城市创新能力的四个维度上，组间均存在显著性差异（如表 4 – 5 所示）。组间两两比较的方差分析结果显示，一线城市在所有维度上均显著领先于其他类型城市；新一线城市除了在知识流动维度上与二线城市呈边际显著外（$p = 0.076$），在其他各个维度上均显著领先于除一线城市以外的其他城市；二线城市除在知识流动维度上与三线城市和四线、五线城市没有显著性差异外（$p > 0.1$），在其他各维度上均显著高于三线城市和四线、五线城市；而三线城市则除了在知识创造维度上显著领先于四线、五线城市外（$p = 0.041$），在其他各维度上与四线、五线城市不存在显著性差异（$p > 0.1$）。

表 4 – 5　　城市创新能力分维度单因素方差分析

分类		平方和	*df*	均方	*F*	显著性
知识创造	组间	1.951	4	0.488	91.125	0.000
	组内	0.514	96	0.005	—	—
	总数	2.465	100	—	—	—
知识流动	组间	0.374	4	0.093	42.54	0.000
	组内	0.211	96	0.002	—	—
	总数	0.585	100	—	—	—
创新设施	组间	3.675	4	0.919	39.13	0.000
	组内	2.254	96	0.023	—	—
	总数	5.93	100	—	—	—
创新产出	组间	1.859	4	0.465	68.369	0.000
	组内	0.653	96	0.007	—	—
	总数	2.512	100	—	—	—

本书通过对城市创新能力的描述性分析和单因素分析可以得出以下结论：

第一，中国城市创新能力在整体上呈“金字塔”型分布，越靠近“金字塔”顶端的城市，经济社会发展程度越高，城市数量越少，城市创新能力越强，且在创新能力上的领先优势越显著、越全面；反之，越靠近“金字塔”底端的城市，经济社会发展程度越低，城市数量越多，城市创新能力越弱，城市之间的创新能力越接近，创新能力的差异往往只体现在一个或几个维度上。第二，城市创新能力分布的“金字塔”底座仍较大，在推动供给侧改革、实现创新驱动发展的过程中还有较大的提升空间。第三，在城市创新能力的四个维度中，城市在知识流动维度上的区分度最小，这说明在此维度上还需要进一步地优化环境与政策。第四，从整体上看，不同城市之间创新能力的差距是全面显著的，即几乎在所有维度上创新能力强的城市都显著领先于创新能力较弱的城市。因此，在比较城市创新能力特征时，应当分类考量。不同类型城市的城市创新能力在一定程度上不具可比性。

4.1.3 城市创新能力的聚类分析

从上述分析结论可知，中国不同城市的创新能力差距较大，在进一步分析城市创新能力的特征时需要运用分类的思想。因此，有必要对城市创新能力进行聚类分析，以便更科学地从城市创新能力的视角对研究样本中的城市进行分类，为之后的研究打下基础。

首先，从整体上对城市创新能力进行系统聚类，将集群的个数限制为3—5个（如表4-6所示）。

表 4-6　城市创新能力系统聚类结果

城市	5 群集	4 群集	3 群集
北京	1	1	1
上海	2	2	2
广州	2	2	2
武汉	3	3	2
深圳	3	3	2
西安	3	3	2
成都	3	3	2
南京	3	3	2
天津	3	3	2
重庆	3	3	2
苏州	3	3	2
杭州	3	3	2
济南	3	3	2
合肥	3	3	2
郑州	3	3	2
长沙	3	3	2
哈尔滨	4	4	3
沈阳	4	4	3
无锡	4	4	3
石家庄	4	4	3
南昌	4	4	3
青岛	4	4	3
太原	4	4	3

续表

城市	5 群集	4 群集	3 群集
昆明	4	4	3
宁波	4	4	3
长春	4	4	3
大连	4	4	3
福州	4	4	3
常州	4	4	3
南宁	5	4	3
佛山	5	4	3
贵阳	5	4	3
…	…	…	…

注：由于城市较多，且多集中在每种每类的最后一个集群，故在此未显示所有城市的聚类结果，未显示的城市均被分在每种聚类结果的最后一个集群中。标“1”的城市属于第 1 集群，标“2”的城市属于第 2 集群，以此类推。

经过与 10 位专家的座谈讨论（包括浙江大学行政管理专业 2 位教授、2 位副教授和 6 位博士、硕士研究生）最终形成一致意见，接纳 5 个群集的聚类结果，从而对中国 101 座人口 100 万以上城市的创新能力从整体上进行了类别划分。

尽管我们已经从总体上把握了各个城市的创新能力分布情况，但由于各个城市的创新能力在每个维度上的发展状况及其在全国范围内所处的位置不明确，无法识别出各类别城市创新能力的结构特征。因此，对城市创新能力在单一维度上进行聚类分析，以探究不同城市在城市创新能力不同维度上的发展状况。为使比较分析更有意义，本书对各个维度的聚类结果进行赋分处理，具体的方法为：对城市创新能力在第 i 个维度上做聚类分析，每个维度均聚类为 6 个群组，对群组内城市在第 i 个维度上的均值由高到低进行赋分，若某一群组在第 i 个维度上均值最高，则该群组内所有城市在第 i 个维度上的得分均为 6 分，以此类推。

赋分结果显示，在城市创新能力整体聚类分析中处在第 5 集群的城市在所有维度上都较弱，得分均在 2 分以下。处在第 1 集群至第 4 集群的城市得分情况如表 4 – 7 所示。

表 4 – 7 城市创新能力分维度赋分结果

城市	知识创造	创新设施	创新产出	知识流动	整体聚类结果
北京	6	6	6	6	1
上海	5	5	5	5	2
广州	5	6	3	4	2
武汉	3	6	2	2	3
深圳	5	1	5	4	3
西安	4	5	3	1	3
成都	3	4	4	1	3
南京	5	3	3	2	3
天津	2	4	3	4	3
重庆	1	5	3	2	3
苏州	2	2	5	3	3
杭州	3	3	3	1	3
济南	2	5	2	1	3
合肥	2	4	2	1	3
郑州	2	4	2	1	3
长沙	2	4	2	1	3
哈尔滨	2	4	2	1	4

续表

城市	知识创造	创新设施	创新产出	知识流动	整体聚类结果
沈阳	2	4	1	1	4
无锡	2	1	3	2	4
石家庄	2	4	1	1	4
南昌	1	4	1	1	4
青岛	2	2	3	1	4
太原	2	3	1	1	4
昆明	1	3	1	1	4
宁波	2	1	3	1	4
长春	2	3	1	1	4
大连	1	2	1	1	4
福州	1	2	1	1	4
常州	2	1	2	1	4

从单一维度的城市创新能力聚类分析结果来看，聚类结果中第 1 集群和第 2 集群的城市在各个维度上均有较高得分；第 3 集群的城市虽然整体得分也较高，但在个别维度上存在短板；第 4 集群虽然整体创新能力得分一般，但在个别维度上特色较为突出；第 5 集群则呈现出在各个维度都得分较低的情况。10 位专家座谈讨论形成一致意见，结合对城市经济社会发展状态的分类和对城市创新能力的整体聚类结果，最终将城市创新能力划分为综合型高水平创新能力城市、高水平创新能力城市、特色型创新能力城市和普通创新能力城市四类。

综合型高水平创新能力城市包括北京市、上海市和广州市；高水平创新能力城市有武汉市、深圳市、西安市、成都市、南京市、天津市、重庆市、苏州市、杭州市、济南市、合肥市、郑州市和长沙市；特色型创新能力城市包括哈尔滨市、沈阳市、无锡市、石家庄市、南昌市、青岛市、太原市、昆明市、宁波市、长春市、大连市、福州市和常州市；普通创新能力城市包括南宁市、佛山市、贵阳市等其他未被列入前三类的城市。

4.2 城市创新能力结构分析

本章 4.1 节从宏观的视角刻画了中国城市创新能力的整体格局以及不同地区城市创新能力的分布特点。本节将分析不同城市的城市创新能力结构，并对典型城市进行比对分析。

4.2.1　综合型高水平城市的创新能力结构分析

综合型高水平创新能力城市仅有北京市、上海市和广州市 3 座城市，是所有城市中城市创新能力最强、结构发展最均衡的 3 座城市。比对 3 座城市的创新能力结构可见，北京市在各个维度上均处于全国的最高水平。上海市紧随其后，在各个维度上都得到了 5 分的高分。相比之下，广州市的城市创新能力结构在均衡性上略逊一筹，在创新产出和知识流动维度上仍有一定的提升空间（如图 4－3 所示）。

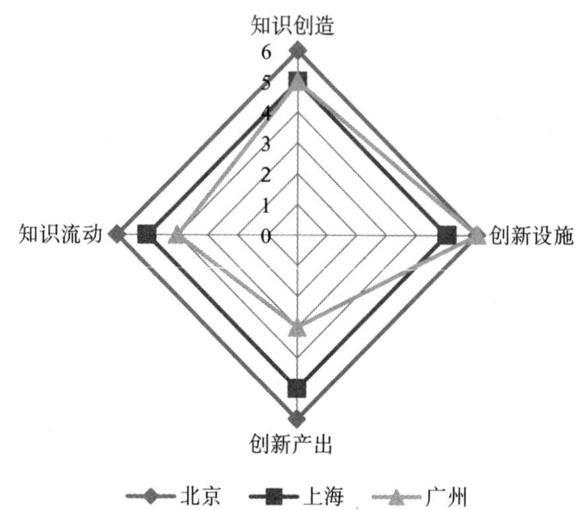

图 4-3 综合型高水平创新能力城市的城市创新能力结构

4.2.2 高水平城市的创新能力结构分析

虽然高水平创新能力城市的城市创新能力整体得分较高，但是，从城市创新能力的结构看，多数城市存在一—两个维度的明显短板。例如，深圳市在知识创造、创新产出和知识流动方面均得到了 4 分以上的高分，从这 3 项的表现看，深圳市完全具备综合型高水平创新能力城市的实力，但在创新设施方面，深圳市存在严重的短板，城市中的高等院校数量与科研机构偏少使深圳市整体的城市创新能力受到影响（如图 4-4 所示）。

与深圳市不同的是，大多数高水平创新能力城市的创新能力短板在知识流动上。在 13 座高水平创新能力城市中，西安市、成都市、杭州市、济南市、合肥市、郑州市和长沙市在知识流动上得到 1 分。由此可见，对于大多数高水平创新能力城市而言，如何提升知识流动的效率成为提升整体城市创新能力的“牛鼻子”（如图 4-5 所示）。

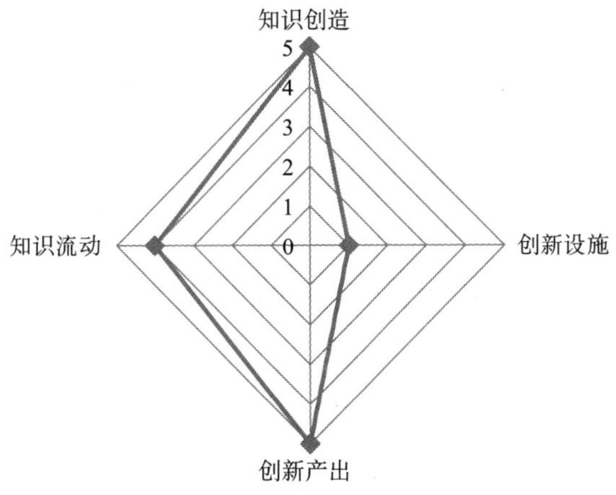

图 4－4 深圳市城市创新能力结构

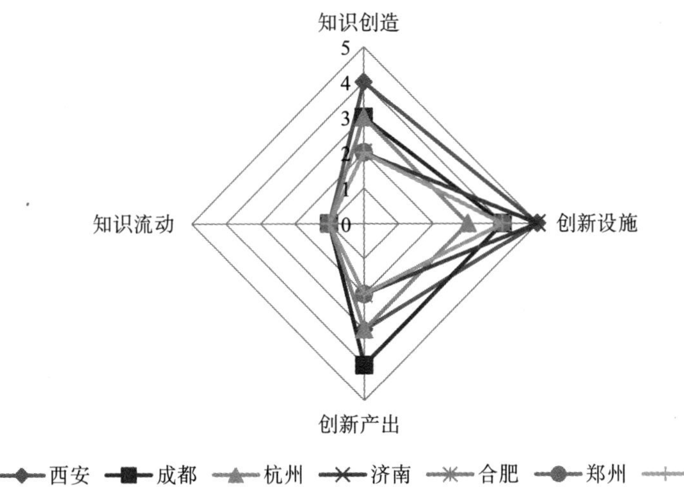

图 4－5 知识流动存在短板的 7 座高水平创新能力城市

其他 5 座高水平创新能力城市的城市创新能力结构在各个维度上都没有出现垫底的分值，发展相对均衡，尤其是天津市，虽然在各个维度上的得分均不如北京市、上海市和广州市，但各个维度比较均衡。武汉市、南京市和苏州市则是在相对均衡的基础上有一项比较突出。例如，武汉市、重庆市在创新设施维度上得到 6 分，南京市在知识创造维度上得到 5 分，而苏州市则在创新产出维度上得到 5 分（如图 4－6 所示）。

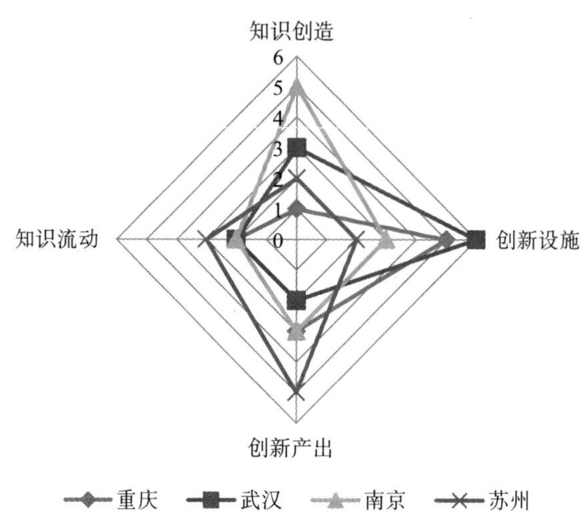

图 4－6　专项突出的 4 座高水平创新能力城市

4.2.3　特色型创新能力城市的结构分析

特色型创新能力城市在知识创造和知识流动两个维度上普遍较弱，但在创新设施和创新产出两个维度上则处于相对较高的水准。哈尔滨市、沈阳市、石家庄市、南昌市、太原市、昆明市、长春市 7 座城市均在创新设施维度上得到 3— 4 分，但在其他维度得分较低。这 7 座城市中包含了东北三省的省会城市、河北省和山西省 2 座华北地区省份的省会城市、地处中部地区的江西省省会南昌市以及云南省的省会昆明市，它们在创新设施方面显现出省会城市的优势，但由于整体的创新活动不活跃，在其他维度上相对较弱（如图 4－7 所示）。

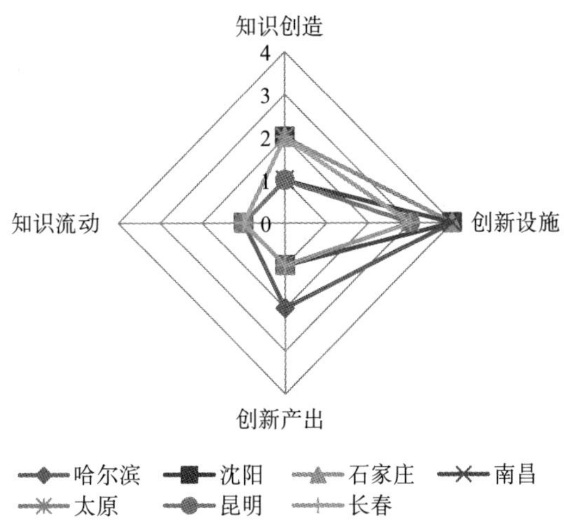

图 4 –7　创新设施突出的 7 座特色型创新能力城市

相比之下，青岛市、无锡市、宁波市和常州市 4 座城市虽然在创新设施方面得分不高，但由于城市经济相对活跃，所以创新产出维度得分达到了相对较高的水平。尽管如此，由于这些城市在知识创造、创新设施和知识流动三个维度上得分较低，整体城市创新能力仍有较大的提升空间（如图 4 –8 所示）。

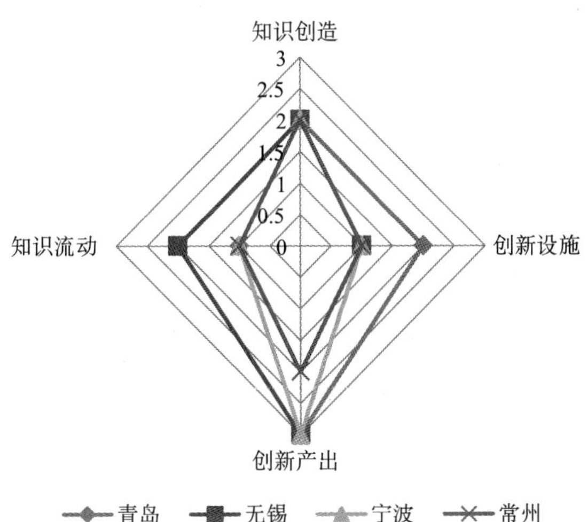

图 4 –8　创新产出活跃的 4 座特色型创新能力城市

4.3 城市创新能力的空间分布特征研究

空间计量经济学研究领域由 Paelink 和 Klaassen 最先确定，主要研究空间自变量的重要性、空间上的不平衡性以及空间计量模型中关于空间依赖的设定。Cliff 和 Order 在此基础上对其进行发展，为空间自回归检验提供了理论基础。空间计量研究的重要人物 Anselin（1988）将空间计量经济学系统化，并对其进行了定义。空间计量经济学的形成和发展为城市创新能力的研究提供了新的视角，国内外学者基于此对城市创新能力空间分布及其影响因素展开了大量研究。

“地理学第一定律”最早由 Tobler（1970）提出。该定律认为，事物之间具有普遍的相关性，而且这种相关性会随着地理位置的邻近而加强。这一理论对传统计量经济学认为的研究对象是独立的默认假设形成了冲击。Anselin 是空间计量经济学的集大成者，他探讨了空间自相关、空间误差模型等问题，强调了空间数据和模型的特殊性。空间数据具有空间异质性和空间依赖性的特征，这种特征被称为“空间效应”。空间异质性是指本地区观测值与其他地区观测值之间出现非同质现象；空间依赖性是指本地区观测值受到邻近地区观测值的影响。

空间溢出效应是空间计量经济学重要的研究内容之一，主要探析空间中一个地区某个变量的变动对邻近地区变量造成的影响，并且这种影响会随着空间位置的变化而变化。为了将空间效应更直观地表现出来，学者们对空间权重矩阵的确定和选择进行了大量研究，同时引入空间计量模型，运用探索性空间数据分析方法（ESDA）和证实性空间数据分析方法（CSDA）对空间依赖性和空间异质性进行检验。由此可见，空间计量经济学将传统计量经济学忽视的空间特性考虑进来，扩大了研究的适用范围。

吴玉鸣（2006）通过空间变系数回归模型研究北京市以及周边地区的创新能力，发现扩散效应不明显。朱玉春等（2008）采用基尼系数和变异系数测量中国 1996—2005 年八大地域各个省份的城市创新能力，表明城市创新能力在区域之间存在较大差异。潘雄峰（2004）通过运用地理信息系统测度中国城市创新发展均衡性，得出中国城市创新重心偏向东南方向的结论。李志刚（2006）对中国省际数据进行测算，发现中国创新产出具有空间依赖性和分布上的不平衡性，在少数省份出现了集聚现象。万坤扬（2010）利用技术创新集中度分析中国 1995 年以来技术创新区域格局的变化，发现技术创新呈现向长江三角洲地区和珠江三角洲地区集中的趋势。在对中国城市创新能力的 Theil 系数和 Gini 系数计算的基础上，魏守华等（2011）总结得出城市创新能力空间分布向中国东部地区集聚的特征。方远平和谢蔓（2012）采用全局自相关和局部自相关分析结构，发现创新呈现出显著的正向空间自相关性。

不难看出，城市创新能力存在空间分布的特征。就研究对象而言，有的学者重点研究部分具有代表性的区域（如长江三角洲、珠江三角洲等地区城市集群），有的学者以省域划分研究对象，探讨我国省级行政区的城市创新能力分布情况，也有一些学者分析北京市、上海市、重庆市等重点城市。就研究方法而言，部分学者采用 Theil 系数和区位 Gini 系数测量整体集中趋势，部分学者运用地理信息系统计算 Moran's I 指数和 LISA 值观察城市创新能力分布情况。研究结果大体上形成以下共识：在中国东部沿海地区形成了高城市创新能力的集聚，中国中西部地区城市创新能力总体较低。

通过对城市创新能力的均值比较分析、聚类分析和典型城市的创新能力结构分析，我们已经了解了中国人口 100 万人以上城市的创新能力分布。那么，从更加宏观的视角审视中国城市创新能力在全国范围内的地理空间分布状况，将能够帮助我们更加清晰地认识到不同城市当前在区域创新发展中的作用与定位，并且更加明确提升城市创新能力的优化方向。

4.3.1 城市创新能力空间自相关检验

衡量区域之间整体上的空间关联与空间差异程度可以用全局空间自相关分析。对城市创新能力进行空间自相关分析能够从整体上判断城市创新能力在地理分布上是否呈现出显著集聚的特点。全局空间自相关度量指标常用 Global Moran's I 统计量来表示，其计算公式如下：

$$I = \frac{\sum_{i=1}^{n}\sum_{j=1}^{n} W_{ij}(Y_i - \bar{Y})(Y_j - \bar{Y})}{S^2 \sum_{i=1}^{n}\sum_{j=1}^{n} W_{ij}} \qquad (4-1)$$

其中，W 为行标准化的空间邻接权重矩阵，对应所有权重的和；n 为地区总数。

空间权重矩阵有多种多样的构造方法，本书在分析每个城市创新能力水平差异时是基于共同边界的一阶 ROOK 权重矩阵来判断的。简单来说，区域 i 与 j 相邻，则两者属于邻居关系；否则不属于邻居关系，也就是 i 与 j 不相邻。Moran's I 用来测度考察中的变量空间取值的相似性。当 I 的值是正数时，表明变量取值有空间上的相似性；当 I 的值为负数时，表明变量空间取值之间存在不相似性；当 I 等于 0 时，空间呈随机性。Moran's I 指数的显著性检验采用一个标准化的 Z 统计量来推断，其计算公式如下：

$$Z = \frac{I - E(I)}{SD(I)} \tag{4-2}$$

如果在给定置信水平时，Moran's I 显著而且呈正数，表示创新能力水平较高的城市在空间上集聚。相反，Moran's I 显著而且呈负数，表示城市跟它附近地区的创新能力水平有明显的差异。只有 Moran's I 接近期望值时，观测值之间才相互独立，服从于空间随机分布，这个时候才能用传统的方法计算城市创新能力水平之间的差异。从结果上看，中国城市创新能力的 Moran's I 指数检验是显著的（Moran's I = 0.1604，$Z = 10.8054$，$p = 0.0000$）。

4.3.2　城市创新能力的空间热点分析

为了更加直观地看到中国城市创新能力的空间集聚效应情况，本书对样本城市的城市创新能力值做空间热点分析，结果显示中国三大经济活跃的区域——京津冀地区、长江三角洲地区和珠江三角洲地区——是高创新能力城市聚集明显的区域，三个地区均在中国东部地区，由北向南构成一个狭长的三角形，三角形的3个顶点区域均聚集了较多的创新能力热点城市。值得注意的是，除了在三大经济活跃区域聚集的创新能力较高的热点城市外，其他区域也有明显的创新能力热点城市。例如，中国西部地区的重庆市和成都市的热点效应突出，尽管从集聚强度和整体水平上与中国东部地区热点城市尚有差距，但也已经形成了一个空间上的创新高点，它与京津冀地区、长江三角洲地区和珠江三角洲地区构成的四边形围成的区域覆盖了大部分创新能力的热点城市。

4.3.3 城市创新能力的局部空间自相关测度

Global Moran's I 统计量只能表明城市创新能力水平在空间上的平均差异程度，不反映城市创新能力水平的局部空间差异。所以，可以采用局部空间自相关度量方法分析城市创新能力水平的局部空间差异。

Local Moran's 统计量可以突出显现差异程度和它的显著性。可以说，它是全局空间自相关统计量 Global Moran's I 的延伸。对于 i 城市来说，Local Moran's 的计算公式如下：

$$I_i = z_i \sum_{j=1}^{n} w_{ij} z_j \tag{4-3}$$

其中，I_i 和 Z_i 是比较规范的观测值，是空间权重。在给定置信水平下，(若 I_i 显著大于0且 Z_i 大于0)，则城市 i 位于第一象限（HH）象限；若 I_i 显著大于0且 Z_i 小于0，则城市 i 位于第三象限（LL）象限；若 I_i 显著小于0且 Z_i 大于0，则城市 i 位于第二象限（HL）象限；若 I_i 显著小于0且 Z_i 小于0，则城

市 i 位于第四象限（LH）象限。四个象限的含义分别为：第一象限（HH）表示高创新能力的城市被其他高创新能力的城市包围；第二象限（LH）表示低创新能力的城市被其他高创新能力的城市包围；第三象限（LL）表示低创新能力的城市被其他低创新能力的城市包围；第四象限（HL）表示高创新能力的城市被其他低创新能力的城市包围。第一、第三象限正的空间自相关关系表示相似观测值之间的空间联系，第二、第四象限负的空间自相关关系表示不同观测值之间的空间联系，这就表示存在着空间异常（Spatial Outliers）的问题。如果观测值均匀地分布在 4 个象限，则表明地区之间不存在空间自相关性。

Local Moran's 的分析结果显示，中国大部分城市创新能力较高的城市 Local Moran's 均处于 HL 象限，即尽管自身的城市创新能力处于高水平，但其周围城市的创新能力却处于较低水平。这种现象最突出的是北京市。根据本研究对城市创新能力测度的结果，北京市的城市创新能力居全国首位，然而除天津市外，河北省、山西省、内蒙古自治区、辽宁省等的城市创新能力均不高。这可能意味着北京市对于周边省份城市的创新能力溢出效应并不明显。同样的现象也出现在“黄金四边形”的一个顶点——重庆市和成都市以及处于“黄金四边形”中间地带的武汉市、郑州市、合肥市、长沙市等。然而，在“黄金四边形”的另外两个顶点上，情况则乐观许多。长江三角洲地区和珠江三角洲地区的城市不少处于 HH 象限，说明该地区整体的城市创新能力均处于较高水平，大城市对周边的创新能力溢出效应较强。出现这种现象的原因可能是京津冀、川渝以及中国中部地区的非中心城市对中心城市的依赖性过高，没有找到自身在区域发展过程中的比较优势和合理的功能定位，导致在发展过程中很难与中心城市形成有效的互动，因而始终处于依附地位。

4.3.4 中国城市创新能力的空间分布特征

通过对城市创新能力空间分布的分析，本书得出以下结论：第一，中国城市创新能力的“黄金四边形”格局基本形成，四边形以京津冀地区、长江三角洲地区、珠江三角洲地区和重庆市、成都市为4个顶点，大多数城市创新能力的热点城市均分布在该四边形内部或外部边缘，这一区域成为中国创新发展的主要引擎。第二，长江三角洲地区和珠江三角洲地区“刀锋效应”显著，城市创新能力整体较高，在中国东南沿海地区形成了创新发展的“刀锋”城市群。第三，中国大部分地区城市创新发展能力呈现“高点星罗、高地难觅”的现状。京津冀地区城市创新发展呈现不均衡的态势，北京市城市发展能力为全国之冠，而河北省却处于相对落后的位置；中国中部地区城市创新能力强市星罗在“黄金四边形”中心地带，然而集聚效应和对周边其他城市的溢出效应均不明显；中国西部地区有重庆市、成都市、西安市等创新重镇，但大部分城市的城市创新能力处于较低水平。

4.4 城市创新能力及其空间分布互动关系的理论解释

在本书的逻辑框架中，城市创新能力与其空间分布共同构成了研究的事实层面，着力回答了城市创新能力的概念内涵是什么、结构内涵是什么、在空间上的分布呈现怎样的特征等问题，使我们能够对城市创新能力有系统的认识和把握。通过 4.3 节的分析不难看出，城市创新能力与其空间分布之间存在相互影响的关系，基于城市创新相关理论与本书的分析结果，本节试图对它们的相互关系作出解释并归纳理论模型。

城市创新能力与其空间分布究竟存在怎样的相互关系呢？事实上，现有的区域创新能力相关研究已经对此有了较为一致的观点，即从整体趋势上看，城市的创新能力越强，其在空间上的技术创新溢出效应也会更显著，更容易促进创新要素的空间集聚效应，进而促使高水平城市创新能力在空间上的集聚；反之，创新能力较高的城市在空间上的集聚效应也对区域内城市的创新能力有正向影响（吴福象和沈浩平，2013）。从本书实证分析的结果看，整体上与这一结论相一致。但值得注意的是，与上海市、广州市、深圳市等城市相比，北京市在城市创新能力的各个维度上均得分更高，但对周边地区的溢出效应反而不及长江三角洲地区和珠江三角洲地区的城市。统计资料显示，2019 年，北京市流向长江经济带各省（市）和粤港澳大湾区各省（区、市）的技术合同共计 25230 项，流向津冀地区的则为 4908 项。[①] 这说明北京市本身仍然具有较强的技术创新空间溢出效应，但在溢出过程中吸收技术创新占比较多的仍然是中国南方地区，而非北京市周边地区。由此可见，在城市创新能力影响空间分布的过程中，东道主城市对技术创新的吸收能力成为

① 北京市技术市场管理办公室．2019 北京技术市场统计年报［R/OL］．（2020－12－08）．http：//kw. beijing. gov. cn/art/2020/12/8/art_1408_574946. html.

重要的调节因素，技术创新成果在扩散的过程中更倾向于流向吸收能力强的城市。由于中国东南沿海地区经济相对活跃、制造业链条相对完整等优势，北京市的科技成果在扩散的过程中选择大量流向中国南方地区。

据此，结合城市创新能力的结构模型，可以归纳出城市创新能力与其空间分布的关系模型（如图4-9所示）。城市创新能力在城市对创新产出吸收能力的调节作用下正向促进高水平城市创新能力在空间上的集聚效应，而高水平城市创新能力的空间集聚也正向作用于区域内每个城市的创新能力。

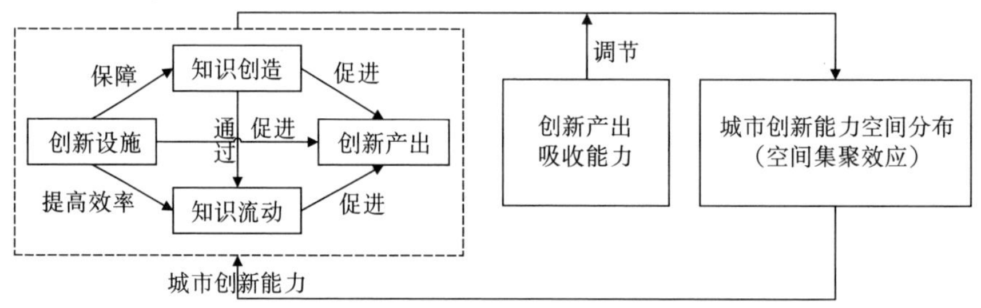

图4-9 城市创新能力与其空间分布的关系模型

第 5 章

城市创新能力的成长动力研究

本书第 3 章、第 4 章的研究结果已对城市创新能力的概念内涵、结构模型、实际测度以及空间分布等问题作出解释。然而，要探索提升城市创新能力的路径，还需要进一步回答城市创新能力是如何形成的？它的成长动力是什么？这些成长动力对城市创新能力的激励效应是怎样的？本章将对这些问题进行探索，立足对现有文献与理论的梳理构建城市创新能力成长动力的理论模型，运用 2002—2016 年中国 101 座人口 100 万人以上城市的面板数据研究成长动力对城市创新能力的激励效应。

5.1 城市创新能力成长动力的理论模型构建

5.1.1 城市创新能力的形成机理

形成机理的含义是为了实现某一特定功能，系统结构中存在的各个要素在一定的环境下相互作用和相互联系的运行规则。不同城市的城市创新能力规模和效率不尽相同。那么，是何种因素导致了这种规模和效率的差异？这些因素又遵循一种什么样的规律作用于区域创新系统？这是本书要回答的问题。分析城市创新能力的影响因素和形成机理正是找出城市创新能力的制约条件、提高城市创新能力所必备的手段。

梳理传统区域创新能力形成机理的有关研究，可以为探索城市创新能力的形成机理提供一定的条件和理论保障。研究数据表明，形成区域创新能力的原因主要包括创新要素的投入、集聚与互动，创新主体的推动和创新主体之间的关系，以及创新环境的支撑（如表 5 - 1 所示）。因此，城市创新能力的形成要求各个方面相互配合和互动。

区域创新能力的形成机制在西方经济学理论里早已被提出。其中，有代表性的理论有：Nelson 提出的国家创新体系理论、Romer 提出的内生增长理论和 Porter 提出的产业集群理论。这些学者提供的相关理论知识为研究区域创新能力提供了依据。上述学者研究的侧重点各不相同。其中，Porter 强调各种具体因素对创新能力的影响；Romer 侧重研究知识资本对创新能力的影响；Nelson 强调创新政策和制度环境对创新的作用。国外相关研究以这三种理论为依据，从不同的方面解析区域创新能力的形成机制，大体可以分为两个研究视角：一是综合三位学者的研究理论，统一其中各项内容对区域创新能力发展的影响；二是站在一个特定的研究理论角度评价区域创新能力的机制和因素。

表 5－1　　区域创新能力的形成机理

观点	具体表述及代表人物
创新要素的投入、集聚与互动	投入资金、技术和劳动力等创新要素，可以使各个方面的创新要素形成互动（Furman et al.，1999；Walshok & Lee，2002；Andersson & Karlsson，2002；齐亚伟和陶长琪，2014；谷国锋、李连刚和王建康，2015）
创新主体的推动和创新主体之间的关系	企业、高校、科研机构等创新主体的推动及其之间的关系（构建创新网络或创新群）是形成区域创新能力的重要原因（Furman & Hayes，2004；Hu & Mathews，2007；陈丹宇，2007；高丽娜、蒋伏心和熊季霞，2014）
创新环境的支撑	制度环境、产业环境、需求环境、要素条件、社会文化环境等区域创新环境因素是形成区域创新能力的重要原因（Furman、Porter & Stern，1999；Riddel & Schwer，2003；刘凤朝和孙玉涛，2009；侯鹏、刘思明和建兰宁，2014）

第一种研究方法注重对区域创新能力形成机制网络形态的研究。例如，Furman、Porter 和 Stern（1999），Andersson 和 Karlsson（2002），Walshok 等（2002），Furman 和 Hayes

(2004)，Palit 和 Nawan（2008）等都发表了相关的研究理论，认为影响区域创新能力的因素有很多方面，包含创新基础设施、创新知识资本和创新政策制度环境等。他们还分析了这些方面对于区域创新能力形成机理的可能性。Furman、Porter 和 Stern（1999）在分析创新强度跨国差异的基础上，提出了国家创新能力的分析框架，并运用这个框架初步建立了分析国家创新能力形成机理的 FP&S 模型。Andersson 和 Karlsson（2002）认同 Errikson（2000）的研究成果，他们均认为区域创新要素遵循“中心—边缘”类型的划分，区域的企业和产业集群处于中心地位，而基础（物质基础、技术基础、知识基础）、规则（正式规则、社会资本）和激励（风险投资和社会资本）处于边缘位置，各个要素之间要通过有效的整合形成创新网络，才能够推动区域创新能力的形成。Walshok 和 Lee（2002）等通过对 San Diego 创新区域形成的经验分析，认为智力资本的储备、金融和商业网络的催化以及技术和人力资本的深度和广度才是一个区域创新能力发展的关键。Furman 和 Hayes（2004）运用面板数据模型对 23 个国家的创新能力进行了研究，结果表明，创新政策与基础必须与前期的金融资本和人力资本相匹配，这样才能够促进创新能力的发展。Palit 和 Nawani（2008）经过对亚洲多年的研究得出结论，在当今社会的发展速度下，只有拥有高超的技术能力和支撑体系才能够具有竞争优势，并且这种竞争优势具有长期性的特征。

第二种研究方法倾向于从实证的角度对某一类或几类动力因素与区域创新能力之间的关系进行研究。Porter 和 Stern（2000）以授权专利为观察视角，证实了 Romer 的智力驱动增长，发现在一定的国际专利产出水平下，R&D 的生产率与智力资本的存量有很强的正相关。Riddel 和 Schwer（2003）在 Romer 的研究基础上，运用内生增长理论研究了美国就业率与区域创新能力之间的关系，发现知识资本存量、产业 R&D 投入、人力资本存量、高科技员工数量影响了区域创新能力；Mathews 和 Hu（2007）在 Furman 的研究基础上，建立了 M&J 模型，重点研究了中国台湾地区高等院校和科研机构对于中国台湾地区区域创新能力的影响，认为高等院校与产业之间的互动是建立中国台湾区域创新能力的关键。Porter 和 Stern（2000）、Riddel 和 Schwer（2003）、Mathews 和 Hu（2007）等坚持内生增长理论，通过理论研究和实证研究证明了区域知识资本对于区域创新能力的提升作用。Fritsch（2004）、Cassiman（2002）、Asheim（2001）等则站在产业集聚理论的角度证实了产业集聚形成的优势对于区域创新能力增强的重要性。Fritsch（2004）证实了创新合作与不同的区域特征是造成区域创新能力的差异的主要因素，并证实创新合作能够有效提升区域创新能力。Cassiman（2002）认为，通过区域之间的合作实现优势互补，在更大范围内实现资源共享，可以更好地发展自身创新能力。Asheim（2001）认为，产业集群不仅能够降低交易成本、提高效率，还能够改善创新条件，有利于新技术、新企业的形成，通过这些效应可以很好地促进区域创新能力的形成。

任何经济学理论都以一定的条件约束作为前提。当条件约束不能满足或因客观原因而发生变化时，常常需要在现有理论框架内进行修正以使理论对现实更具解释力。由于中国国情的特殊性，在实践中需要调整产业集群理论、内生增长理论和国家创新体系理论的具体相关内容。国内学者在研究区域创新能力发展的同时，仍以这三大理论为指导思想，立足于中国国情，进行了一定的理论与实证研究。邵云飞和谭劲松（2006）通过梳理分析文献，得出了应该聚集人力资本来促进区域创新能力提升的观点，认为人力资本的流动、企业之间的合作、研究机构与企业的合作、技术的扩散与转移、互动学习的方式是形成区域创新能力的重要条件。吴慈生和张本照（2008）通过分析区域创新系统演化过程的机理，得出知识资本是影响区域创新系统演化的重要因素，所有的作用路径都是以知识资本的扩散和转移为基础。根据以上观点，他们提出了 R&D 溢出、人力资本流动、制度演化、企业家和企业家精神四种区域创新能力的形成机理。陈丹宇（2007）在研究长江三角洲地区的创新网络时，形成以下研究理论框架：区域创新能力的形成实际上是以市场机制为主导的——通过市场机制的有效整合，借助网络系统联合创新要素的交互性，减少要素之间的摩擦，使要素在创新主体之间的流动性增强，进而充分降低交易成本，推动区域内技术创新的开展；创新群之间的外溢效应拓宽了创新区域的边界，增强了区域创新能力。刘凤朝和孙玉涛（2009）通过研究 FP&S 模型和 M&J 模型，构建了一种以“环境—活动—创新产出”代表创新能力发展过程逻辑关系较强的三维模型和国家创新能力形成机理模型。陈武等（2011）认为，智力资本由人力资本、关系资本、结构资本三个要素构成，这些要素除了自身与区域创新能力相关外，还通过区域创新投入和区域创新环境对区域创新能力产生影响。因此，他们以中国 268 个地级市为研究样本，采用结构方程模型方法（SEM）进行实证分析，发现对于区域创新能力综合影响最为显著的是区域关系资本，其次为人力资本，再次为结构资本。江兵、杨蕾和杨善林（2005）运用 ISM 建模技术分析了区域创新能力的影响因素，认为科技水平和产学研结合是影响成果转化的重要因素，区域创新系统要素的集聚则以增长极为源头，通过梯度或反梯度推移，从核心区逐步扩散到边缘区。沈冲杰（2007）认为，要突破传统政策的束缚，研究对企业创新能力提升有用的政策和机制。具有实效的创新政策可以支持各方面工作的开展，促进开发区的企业创新能力。王家庭和贾晨蕊（2009）运用空间计量分析方法研究了区域创新能力的影响要素，认为区域 R&D 资金投入、人力资本和区域城市化率是影响区域创新能力的重要因素，但实证结果表明，除了区域 R&D 资金投入，人力资本和城市化率并没有表现出显著的促进作用。他们还发现，中国的创新溢出度逐渐降低，说明中国的创新溢出受到抑制，不利于我国区域创新的知识交流。魏守华、吴贵生和吕新雷（2010）在 Furman 等的研究基础上增加了国际技术溢出研究视角，运用 1998—2007 年中国省级面板数据，发现区域创新效力和其他活动规模需求的基本要素都一样，而且这些基本要素都是发展创新能力必不可少的，要提高创新效率，就必须依靠一定的外在条件（包括产学研联系的质量、产业集群环境和对区域外技术溢出的吸收能力）。该研究还发现，在投入规模和创新效率综合作用下，中国不同地区的创新能力差距明显，并且这种差距呈现不断扩大的趋势。区域创新能力对区域全要素生产率（TFP）和高新技术产业的发展具有显著影响，进而造成不同地区经济差距的扩大。

虽然国内外学者研究的切入点不尽相同，但是却在以下几个方面达成了共识：

第一，知识资本对区域创新能力起到了关键性的作用，无论在理论体系还是区域实践中都支撑了区域技术创新能力的发展和提升。Porter 和 Stern（2000）、Andersson 和 Karlsson（2002）、Walshok 和 Lee（2002）、Riddel 和 Schwer（2003）、邵云飞和谭劲松（2006）、Mathews 和 Hu（2007）、Palit 和 Nawani（2008）、吴慈生和张本照（2008）、王家庭和贾晨蕊（2009）、陈武等（2011）的研究都证实了以上观点。

第二，区域创新能力会受到创新网络的影响，创新主体具有多元化的特点，任何模式的创新都是各个创新要素共同作用的结果，每个创新要素起到的作用都很重要。中国科技发展战略研究小组也提出了相似观点，一个区域内有特色的、与地区资源相关联的、推进创新的制度组织网络，其目的是推动区域内新技术或新知识的产生、流动、更新和转化。根据这一观点，很多学者也提出：人力资本、地区的制度和政策、科研机构的产出能力和产学研之间的联系都是可以影响区域技术创新能力的。Furman、Porter 和 Stern（1999），Andersson 和 Karlsson（2002），Walshok 等（2002），Furman 和 Hayes（2004），邵云飞和谭劲松（2006），陈丹宇（2007），Palit 和 Nawani（2008），刘凤朝和孙玉涛（2009），魏守华、吴贵生和吕新雷（2010）的研究均支持此观点。

第三，区域创新能力的推动模式具有多样性的特征。选择不同的创新驱动力将使推动模式具有不同的形态。以应用技术推动区域创新能力是当下较为主流的一种模式，受到广泛的使用和选择。科技推动模式强调应用知识资本进行区域创新，这种模式创造的效益高于其他模式，而且能够影响其他创新要素，促进创新能力的发展。选择科技推动模式是因为经过实践验证发现，技术创新可以满足市场的需求，推动创新产品产业的发展。完整具体的推动区域创新能力的形成，还有很多经典的模式，如市场模式、E－E 模式、技术轨道模式、ENPR 模式、N－R 模式和期望理论模式等。

5.1.2　城市创新能力成长动力的识别与模型构建

具体分析区域创新能力形成机理的研究理论后，本书将经济结构、产业集聚、人力资本和市场开放程度作为城市创新能力的成长动力。经济结构对城市创新能力的影响主要体现在产业结构上（Athur，1989；Antonelli，2003）。诸多研究表明，产业结构与技术创新之间存在互动关系，产业结构优化对技术创新有正向影响（崔庆安、王文坡和张水娟，2018），经济的发展可以促进城市创新能力的提升，使产业聚集的作用凸显出来。产业集群理论是区域创新理论的重要理论基石之一，产业集聚对城市（区域）创新能力的正向促进作用有较丰富的研究论证，产业集群不仅能降低交易成本、提高效率，还能改善创新条件，有利于新技术、新企业的形成（Asheim，2001；Andersoon，2002；陈丹宇，2007）。人力资本是知识资本创造、流动和积累的核心要素之一，人力资本的积累对于创新能力的提升有重要的驱动效应（周万生，2007；孙文杰和沈坤荣，2009）。市场开放程度对创新能力的驱动效应主要体现在提升创新要素的发展空间和流动效率上，不仅影响创新系统类行为主体的构成要素，而且创新系统的发展与内部效率有关，也与外部联系效率有关（Walshok，2002；Palit，2008；刘凤朝等，2009；刘凤朝和孙玉涛，2009），这就要求城市有较高的市场开放程度，通过与其他城市或区域的合作，实现优势互补，在更大范围内实现资源共享，发展自身创新能力（Cassiman，2002；Fritsch，2004；龙开元，2004）。基于对城市创新能力成长动力的识别和城市创新能力与其空间分布相互关系的模型，本书构建了城市创新能力及其空间分布、成长动力的系统模型（如图5－1所示）。

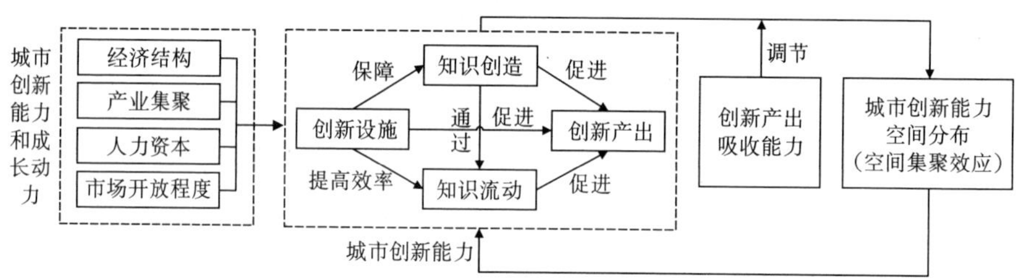

图5－1　城市创新能力及其空间分布、成长动力的系统模型

在图5－1模型中，城市创新能力的成长动力对城市创新能力的空间分布没有直接的驱动强度，但四个成长动力均对城市创新能力具有正向作用。为验证四个成长动力对城市创新能力的驱动强度和机理，以下将进一步进行计量分析。

5.2 基于面板数据模型的城市创新能力成长动力研究

5.2.1 城市创新能力成长动力的面板数据计量模型

第一步，通过调查经济结构的构成，对区域创新能力驱动影响的相关理论及研究（Athur，1989；Antonelli，2003）构建回归方程（5-1）：

$$\ln P_{i,t} = \alpha + \beta_1 \ln S_{i,t} + \varepsilon_{i,t} \tag{5-1}$$

其中，P_i 表示城市 i 在 t 年的城市创新能力，城市创新能力的数值以第 4 章测量结果表示；$S_{i,t}$表示城市的经济结构状态，用第一产业、第二产业和第三产业劳动生产率表示；$\varepsilon_{i,t}$表示随机扰动量。劳动生产率的计算公式如下：

$$劳动生产率 = \frac{e_{i,j,t} \div E_{i,t}}{h_{i,j,t} \div H_{i,t}}$$

其中，$e_{i,j,t}$表示 i 城市 t 年 j 产业的产值；$E_{i,t}$表示该城市当年国内生产总值；$h_{i,j,t}$表示 i 城市 t 年 j 产业从业人口数量；$H_{i,t}$表示 i 城市 t 年总从业人口数量。

第二步，根据产业集群理论，产业集聚能够降低交易成本，对新产品、新工艺和新服务的形成具有正向促进作用（Asheim，2001；Andersoon，2002；陈丹宇，2007）。将产业集聚变量纳入方程（5-1），得到方程（5-2）：

$$\ln P_{i,t} = \alpha + \beta_1 \ln S_{i,t} + \beta_2 \ln C_{i,t} + \varepsilon_{i,t} \tag{5-2}$$

其中，C 表示产业集聚，借鉴已有研究的做法，用第一产业、第二产业和第三产业的区位熵测量产业聚集（李建明，2018；徐胜和杨学龙，2018）。区位熵的计算公式如下：

$$区位熵 = \frac{e'_{i,j,t} \div e_{i,t}}{E'_{j,t} \div E_t}$$

其中，$e'_{i,j,t}$表示 i 城市 t 年 j 产业的产值；$e_{i,t}$表示 i 城市 t 年的经济总产值；$E'_{j,t}$表示全国 t 年 j 产业的产值；E_t 表示全国 t 年的经济总产值。

第三步，依据人力资本对城市创新能力的显著正向驱动强度，将人力资本作为变量纳入方程（5－2），得到方程（5－3）：

$$\ln P_{i,t} = \alpha + \beta_1 \ln S_{i,t} + \beta_2 \ln C_{i,t} + \beta_3 \ln H_{i,t} + \varepsilon_{i,t} \quad (5-3)$$

方程（5－3）中，$H_{i,t}$表示人力资本指标，用科研人员占从业人员的比重、每万人大专以上文化水平人数和平均工资测量（胡明明、姚正海和李霆威，2017；匡远风，2018；刘子兰，2018）。

第四步，考虑创新系统与外部联系的程度对创新要素流动效应增强、创新效率提升的显著正向作用，将市场开放程度作为指标纳入方程（5－3），得到方程（5－4）：

$$\ln P_{i,t} = \alpha + \beta_1 \ln S_{i,t} + \beta_2 \ln C_{i,t} + \beta_3 \ln H_{i,t} + \beta_4 \ln O_{i,t} + \varepsilon_{i,t} \quad (5-4)$$

方程（5－4）中，市场开放程度用 t 年城市 FDI 和进出口贸易总额占国内生产总值比重测量。

第五步，由于各个城市自身经济发展水平会影响城市创新能力水平，因而将各个城市 GDP 作为控制变量纳入方程，得到方程（5－5）：

$$\ln P_{i,t} = \alpha + \beta_1 \ln S_{i,t} + \beta_2 \ln C_{i,t} + \beta_3 \ln H_{i,t} + \beta_4 \ln O_{i,t} + \gamma \ln GDP_{i,t} + \varepsilon_{i,t} \quad (5-5)$$

方程（5－5）中，第一个解释性变量用来验证城市经济结构对于城市创新能力的驱动效应；第二个解释性变量用来验证产业集聚对城市创新能力的驱动效应；第三个解释性变量用来验证人力资本对城市创新能力的驱动效应；第四个解释性变量用来验证市场开放程度对城市创新能力的驱动效应。

5.2.2 城市创新能力成长动力的实证检验

本书根据构建的城市创新能力成长动力计量模型，运用

2002—2015 年我国 101 座人口 100 万人以上城市的所有的调查数据，具体分析城市创新能力的内在驱动效应，回归结果如表 5－2 所示。

表 5－2　　城市创新能力成长动力回归分析结果

变量	系数	标准差	*T* 统计量	或然率
经济结构	0.113163	0.036102	3.134538	0.0018
产业集聚	0.019657	0.015782	2.684132	0.0031
人力资本	0.585545	0.027231	21.50318	0.0000
市场开放度	0.016139	0.018413	0.876519	0.0009
国内生产总值	1.51×10^{-5}	7.67×10^{-7}	19.63090	0.0000
可决系数	0.711600	因变量均值		0.072449
调整可决系数	0.710767	因变量标准差		0.100074
标准差回归	0.053820	赤池信息准则		－3.002757
残差平方和	4.014670	施瓦茨准则		－2.983930
对数似然值	2093.417	H-Q 准则		－2.995717
德宾—沃森统计量	0.075436	—		—

上述回归分析结果显示，计量模型中假设的各个变量对城市创新能力均有显著正向的驱动强度。从系数上看，人力资本对城市创新能力的驱动效应最明显（系数 = 0.585545，p = 0.0000），其次是经济结构（系数 = 0.019657，p = 0.0018），产业聚集与市场开放度对城市创新能力的驱动效应弱于人力资本和经济结构。

本书采用 White 稳健标准误差的稳健性回归对方程进行稳健性检验，发现在利用 White 稳健标准误差进行系数显著性检验之后，主要研究变量系数估计结果的显著性并没有发生明显变化。更换控制变量 GDP 为人均 GDP 值，进一步进行回归可知，各个主要研究变量的系数估计结果并未发生明显变化。

5.3 城市创新能力成长动力的驱动强度研究

城市创新能力成长动力的计量模型已经构建出来，然而，正如前文所述，中国不同类型城市的创新能力差距较大，结构构成也不完全一致。尽管本书已从整体上了解了城市创新能力成长动力对城市创新能力的驱动强度，但对于不同类型的城市，这种驱动强度会有怎样的变化？回答这一问题，对于提升城市创新能力激励政策顶层设计的精准化程度有重要意义。本节将以第 4 章中对城市的分类为基础，分别研究城市创新能力成长动力对每座综合型高水平创新能力城市的驱动强度。

5.3.1 综合型高水平创新能力城市成长动力的驱动强度

运用 5.2 节中建立的城市创新能力计量模型，对综合型高水平创新能力城市（北京市、上海市和广州市）的城市创新能力成长动力进行回归分析。结果显示，同整体相比，除人力资本外，经济结构、产业集聚和市场开放度三个维度的成长动力对城市创新能力的驱动强度有大幅的提升，尤其是市场开放度的驱动强度较整体而言有极显著的提高作用（如表 5－3 所示）。

表 5-3 城市创新能力成长动力对综合型高水平创新能力城市的回归

变量	系数	标准差	T 统计量	或然率
经济结构	0.354624	0.346579	17.367816	0.0000
产业集聚	0.188305	0.166046	5.330712	0.0021
人力资本	0.601909	0.127249	24.673258	0.0000
市场开放度	1.249507	0.142820	8.748854	0.0000
国内生产总值	3.16×10^{-5}	2.79×10^{-6}	11.34101	0.0000
可决系数	0.968659	因变量均值		0.294603
调整可决系数	0.965177	因变量标准差		0.263761
标准差回归	0.049221	赤池信息准则		-3.071159
残差平方和	0.087216	施瓦茨准则		-2.862187
对数似然值	67.95877	H-Q 准则		-2.995063
德宾—沃森统计量	1.215260	—		—

综合型高水平创新能力城市对于城市创新能力成长动力更为敏感，尤其对于市场开放度的敏感程度远高于城市整体呈现出的水平。这可能是由于在综合型高水平创新能力城市创新主体和要素集聚效应更为显著、创新活动更加活跃、创新效率更高，当成长动力出现变化时，创新主体的反应更加机敏，创新要素的流动也更加流畅。

5.3.2　高水平创新能力城市成长动力的驱动强度

用同样的计量模型对高水平创新能力城市创新能力成长动力的驱动强度进行回归分析。回归结果显示，除人力资本外，经济结构、产业集聚和市场开放度的回归系数均显著高于整体回归的系数，但与综合型高水平创新能力城市相比，成长动力对高水平创新能力城市创新能力的驱动效应有所减弱。其中，人力资本与市场开放度的减弱程度最明显。从成长动力内部的比较来看，高水平创新能力城市的创新能力对于人力资本最为敏感（如表5－4所示）。

表5－4　城市创新能力成长动力对高水平创新能力城市的回归

变量	系数	标准差	*T*统计量	或然率
经济结构	0.281328	0.14969	2.879401	0.0030
产业集聚	0.130831	0.064252	2.036199	0.0432
人力资本	0.376098	0.069066	5.445473	0.0000
市场开放度	0.264874	0.087477	3.027917	0.0028
国内生产总值	1.24×10^{-5}	2.38×10^{-6}	5.20524	0.0000
可决系数	0.720243	因变量均值		0.144032
调整可决系数	0.713885	因变量标准差		0.126484
标准差回归	0.067656	赤池信息准则		－2.521522
残差平方和	0.805614	施瓦茨准则		－2.433166
对数似然值	233.1977	H－Q准则		－2.485700
德宾—沃森统计量	0.070319	—		—

高水平创新能力城市同样对城市创新能力的成长动力敏感度较高，相比综合型高水平创新能力城市，市场开放度对高水平创新能力城市的驱动强度大幅减弱。这可能是由于以下两个方面的原因：一方面，综合型高水平创新能力城市作为中国创新要素最密集的区域，对创新要素集聚具有较强的吸引力，市场开放意味着可能有更多创新主体和要素的涌入；另一方面，市场开放会带来更多竞争，这可能使创新活动更加活跃。尽管高水平创新能力城市也有较强的创新集聚功能，但相比综合型高水平创新能力城市仍有显著差距。

5.3.3　特色型创新能力城市成长动力的驱动强度

特色型创新能力城市主要由中国东北地区、华北地区以及中西部地区的省会城市和部分东南沿海发展较有特色的非省会城市组成，运用计量模型检验城市创新能力成长动力对特色型创新能力城市的影响，发现对特色型创新能力城市创新能力驱动效应最强的仍然是人力资本。可见，人力资本对于城市创新能力具有关键性的驱动效应（如表 5－5 所示）。

表 5－5　城市创新能力成长动力对特色型创新能力城市的回归

变量	系数	标准差	T 统计量	或然率
经济结构	0.140927	0.066717	2.112304	0.0362
产业集聚	0.044814	0.028214	2.028350	0.0436
人力资本	0.687922	0.040095	17.15709	0.0000
市场开放度	0.209059	0.015826	7.324339	0.0000
国内生产总值	1.22×10^{-5}	8.20×10^{-7}	14.87194	0.0000
可决系数	0.882155	因变量均值		0.084814
调整可决系数	0.879245	因变量标准差		0.066748
标准差回归	0.023195	赤池信息准则		－4.660289
残差平方和	0.087156	施瓦茨准则		－4.566936
对数似然值	394.1341	H－Q 准则		－4.622399
德宾—沃森统计量	0.370754	—		—

人力资本对特色型创新能力城市创新能力的影响远大于其他成长动力，说明人力资本和智力因素对特色型创新能力城市创新能力的提升具有关键作用。

5.3.4 普通创新能力城市成长动力的驱动强度

普通创新能力城市对创新要素的集聚效应有限，驱动城市创新能力较弱的城市迈向创新发展、提升城市创新能力，对于加快中国经济转型有重要的意义。本书运用计量模型开展城市创新能力成长动力对普通创新能力城市的影响进行检验。检验结果显示，经济结构、产业集聚和市场开放度都对普通创新能力城市的驱动强度较低，但人力资本却保持较高的回归系数（如表 5 –6 所示）。

表 5 –6 城市创新能力成长动力对普通创新能力城市的回归

变量	系数	标准差	*T* 统计量	或然率
经济结构	0. 000858	0. 031687	5. 289445	0. 0000
产业集聚	0. 007663	0. 013894	2. 214302	0. 0270
人力资本	0. 717893	0. 031759	22. 60453	0. 0000
市场开放度	0. 006418	0. 018859	6. 703510	0. 0000
国内生产总值	1.88×10^{-7}	1.02×10^{-6}	0. 184682	0. 8535
可决系数	0. 582282	因变量均值		0. 047306
调整可决系数	0. 580506	因变量标准差		0. 063156
标准差回归	0. 040905	赤池信息准则		–3. 549863
残差平方和	1. 574491	施瓦茨准则		–3. 524217
对数似然值	1684. 085	H – Q 准则		–3. 540089
德宾—沃森统计量	0. 158762	—		—

以上检验结果表明，人力资本对于普通创新能力城市的创新能力具有重要影响，是普通创新能力城市实现城市创新能力快速提升的关键所在。

第6章

城市创新能力的激励政策研究

——以浙江省为例

政策体系与政策环境是区域创新系统能够良好运行的支撑和保障（Smith，1997），政策的有效调控能够在一定程度上解决创新系统失灵带来的创新要素流动失灵、区域创新开放度低、区域创新效率低等问题。那么，我国的创新政策对城市创新能力的激励效应是怎样的？我国的创新政策对城市创新能力的成长动力有怎样的作用？未来创新政策的设计又当如何优化？本章将着力探究这些问题。考虑到全国性政策对城市的创新能力提升影响多是通过省一级的政策体现，本章采用案例研究的方式，对2002—2015年浙江省科技创新政策进行了梳理，并在此基础上对浙江省科技创新政策的供给现状与特征展开了研究。从研究结果可以看出，科技创新政策对于城市创新能力的影响较大，而且提供了成长动力。选择浙江省作为样本案例主要有以下四个方面的原因：一是本书选取的城市是我国101座人口

100 万人以上的城市，从全国来看，这些城市在各个省份、各个地区的分布并不平均；二是各省（市）科技创新政策的效力强度可能受到各个省份行政效率、政府公信力等诸多因素影响，数据的可测量性较弱，不同省份城市之间的可比较性较弱；三是在本研究选择的样本中，浙江省有 5 座城市（杭州市、宁波市、温州市、台州市和湖州市），城市数量较多，且城市经济发展水平呈现一定的梯次分布，在各省（市）中较有代表性；四是从城市创新能力的测量结果看，浙江省城市创新能力在全国处于领先水平，且城市创新能力的集聚效应和空间溢出效应相对明显，研究浙江省科技创新政策对城市创新能力及成长动力的影响对于获得全国性政策影响结论具有较强的借鉴意义。

6.1 浙江省城市创新能力激励的政策供给与政策工具

6.1.1 浙江省城市创新能力激励的政策供给

通过浙江省政策样本的统计数据库、浙江省人民政府、浙江省政务服务网、浙江省科技厅、浙江省财政厅和浙江省人力资源与社会保障厅等网站，本书采集了 2002—2015 年浙江省出台的科技创新相关政策共计 379 项。从每年出台的政策数量来看，2002—2012 年，浙江省每年出台科技创新政策数量尽管在个别年份有所下降，但整体呈现递增趋势。浙江省单一年份出台的科技创新政策数量在 2012 年达到高点（45 项）后，2013—2015 年呈现平缓回落的趋势（如图 6-1 所示）。

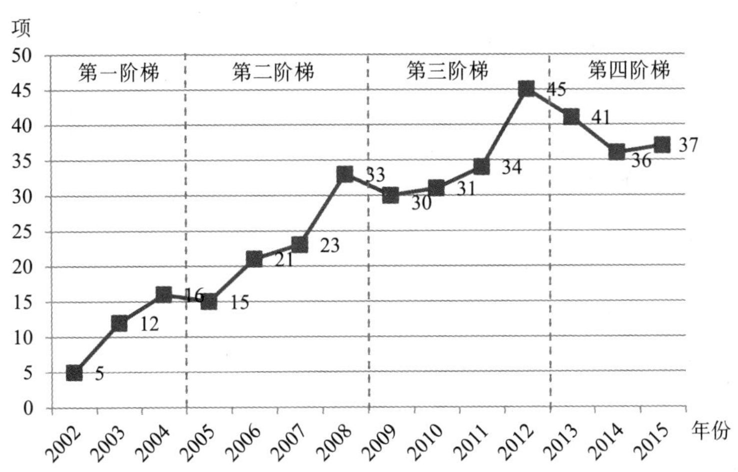

图 6-1　2002—2015 年浙江省城市创新能力的政策供给

从图 6-1 可以看出，2002—2015 年，浙江省科技创新政策出台数量基本呈现波浪状阶梯上升。第一阶梯（2002—2004 年）浙江省政策供给数量在 2004 年达到高点（16 项），在经过一年小幅回落后进入第二阶梯。第二阶梯（2005—2008 年）浙江省科技创新政策出台数量逐年递增。值得关注的是，2008 年浙江省科技创新政策出台数量比 2007 年增加了 10 项，涨幅达到了 43.47%。分析认为，2008 年浙江省科技创新政策的密集出台可能与 2008 年次贷危机有关。2008 年，正值美国次贷危机波及全球的艰难时期。我国出于加强对战略新兴产业自主创新能力的支持力度，增强国家经济发展动力，增加就业岗位等考虑，在这一时期出台了一系列扩大内需的政策。浙江省有关部门可能是在大环境推动下，适时密集出台相关政策以期促进科技创新的发展。当然，以上对 2008 年浙江省科技创新政策密集出台原因的分析仅仅是作者基于数据与历史事实的比对作出的推测，仅供广大读者参考。第三阶梯（2009—2012 年）政策供给数量的高点（45 项）在 2012 年出现。2013—2015 年，浙江省科技创新政策出台数量有平稳回落的趋势。一方面，这种回落趋势可能与浙江省在不断完善科技创新政策体系后，相关政策体系框架逐渐形成，对新政策的需求有一定幅度的回落有关；另一方面，这种回落趋势也与有关部门决策者出台政策的理念转变有关。党的十八大以来，伴随新一轮“简政放权”改革的深入推进，多头管理、不必要的行政审批等成为改革事项，各个部门在出台政策时需更多运用系统性思维，统筹考虑在现有政策体系内出台新政策的必要性、科学性和有效性。因此，新政策出台的数量有所回落。

从整体上看，2002—2015 年浙江省科技创新相关政策出台数量较高，反映出这段时期政府对于提升科技创新能力的重视。然而，密集出台的科技创新政策效力强度如何，值得我们进一步研究。为了解科技创新政策效力情况，首先需设计一套方法对政策效力进行测量。目前，测量政策效力较常用的方法是根据政策的发文单位在国家行政权力结构中的地位和政策文体本身在行政文体中的效力等级对政策效力进行打分。发文单位在行政权力结构中的地位越高，其发布的政策效力越大；政策文体本身的行政效力越大则该政策效力越大。从这两个维度对政策效力进行测量也是以往研究中运用较为普遍和成熟的做法（彭纪生、孙文祥和仲为国，2008；李承宏和李澍，2017）。在研究科技创新政策效力过程中，通过对政策制定者的深度访谈发现，在政策实施过程中，发文单位在行政权力结构中的地位

（发文单位级别）对政策效力的影响往往大于政策文体。基于这样的现状，本书将分别从这两个维度对政策效力进行打分，以政策效力影响较大的发文单位级别作为基础分，以政策效力影响较小的政策文体作为权重系数，两者相乘得出政策效力的最终得分，然后再将各年所有科技创新政策的效力得分分别相加，得出 2002—2015 年科技创新政策效力强度得分。政策效力具体分值对应规则如表 6－1 和表 6－2 所示。

表 6－1　　科技创新政策效力分值表——发文机关部分

发文单位	政策效力分值
中共浙江省委、浙江省人民政府（联合发文）	10
中共浙江省委（单独发文）	9
浙江省人民政府、浙江省人民代表大会或浙江省人民代表大会常务委员会（单独发文）	8
中共浙江省委办公厅和浙江省人民政府办公厅（联合发文）	7
中共浙江省委办公厅或浙江省人民政府办公厅（单独发文）	6
浙江省各厅、委、办等厅局级部门（联合发文）	5
浙江省各厅、委、办等厅局级部门（单独发文）	3
浙江省各厅、委、办等厅局级部门办公厅（室）（单独发文）	2

表 6－2　　科技创新政策效力分值表——政策文体部分

政策文体	政策效力分值
决定、条例、命令等	1
公报、公告、意见、办法、计划、规划等	0.8
通知、通报、批复、函、细则、标准等	0.6

政策文体部分分值参照《党政机关公文处理工作条例》中对相关政策文体表达内容的规定以及我国行政法渊源及其效力的拟定。

运用上述打分方法对2002—2015年各年度浙江省科技创新政策的累积效力进行评分，结果如图6－2所示。

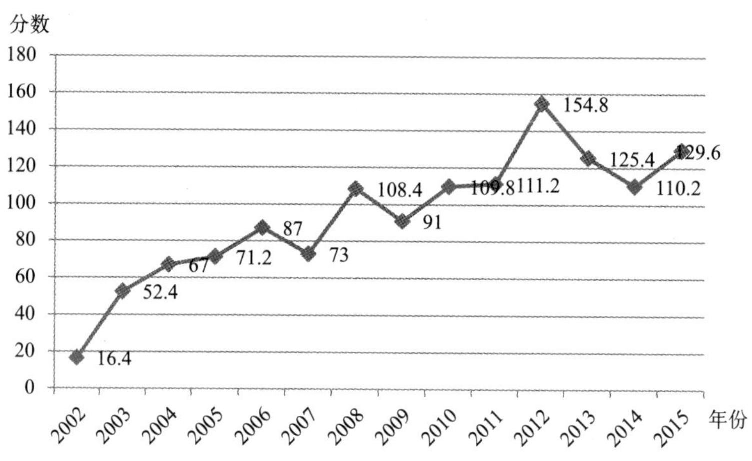

图6－2　2002—2015年浙江省科技创新政策效力

从发展趋势来看，2002—2015年浙江省科技创新政策效力整体呈现增长趋势，形成的折线图形状与政策供给数量折线图大体趋势一致，但没有呈现政策供给数量折线图那样明显的阶段性。值得注意的是，2002—2015年浙江省科技创新政策效力同样在2012年达到最高点（154.8分），之后呈现平稳下滑趋势，而在2015年又出现了较明显的回升。从平均水平来看，2002—2015年浙江省科技创新政策效力的年度平均水平较为平均，整体平均水平约为3.49分。这样的得分水平在本书的政策效力分值中大约相当于中共浙江省委办公厅或浙江省人民政府办公厅单独发文的通知、细则、暂行办法等政策文件（该类政策效力得分为3.6分）。这一水平的政策文件虽然在本研究的政策效力得分中不高，但在行政实践中已经具有较高的效力。因此，2002—2015年，浙江省科技创新政策的平均政策效力整体处于较高水平。

6.1.2 浙江省城市创新能力激励的政策工具

政策工具指的是政府用来调整社会变量的政策实施以及改变政策和经济的变量。制定良好的政策可以加快实现目标，选择适当的政策工具实施政策，才能有效地达成目标。我国学者在 Rothwell 和 Zegvold 政策工具分类方法的基础上进行了拓展和创新，根据我国的实际情况将政策工具划分为三类，即环境型、供给型和需求型，并通过具体分析浙江省的实际政策情况，把这三类政策工具又分别细化。其中，环境型政策工具的内容包含税收金融、知识产权、法规管制和目标规划；供给型政策工具的内容包含人才支持、基础设施、资金投入和公共服务；需求型政策工具的内容包含政府采购、服务外包、贸易管制和海外机构（如图 6－3 所示）。

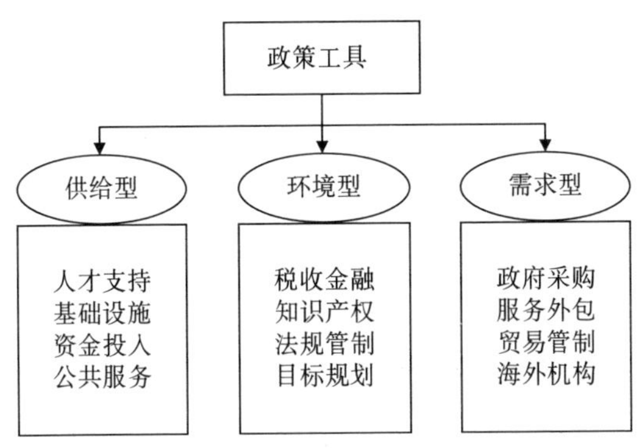

图 6－3 城市创新能力激励的政策工具

按照上述分类对 2002—2015 年浙江省出台的科技创新政策进行归类统计发现，其中属于供给型政策工具的有 136 项，约占政策总数的 35.88%；属于环境型政策工具的有 221 项，约占政策总数的 58.31%；属于需求型政策工具的仅有 25 项，约占政策总数的6.6%。从分项来看，浙江省出台的供给型政策工具主要以资金投入为主，而且供给型政策效力的强度也有较高的存在度，公共服务居次位，且公共服务的政策效力强度得分占供给型政策效应得分的26.3%。值得注意的是，公共服务的政策效力得分提高主要是在2007年以后，这可能与服务型政府建设、“放管服”改革等措施有关。在环境型政策工具中，法规管制的政策效力在环境型政策工具总效力中占有较重要的位置。通过这一调查结果可以看出，2002—2015年，创新环境规范和体制建设等方面是科技创新政策的重点内容。目标规划的政策效力占环境型政策工具效力强度总得分的24.9%。需求型政策工具出台的数量少且效力强度得分偏低。其中，贸易管制、政府采购和服务外包所占的比例相差无几，能够看出目前需求型政策工具仍有加强和提升的空间。随着“一带一路”等对外开放倡议的全面落实和转变政府职能改革的持续推进，需求型政策将成为科技创新政策制定的重要方向。

6.2 创新政策对城市创新能力成长动力的激励效应研究

除了对城市创新能力直接的影响，科技创新政策还能够通过目标规划、人才支持、贸易管制等政策工具影响城市创新能力的成长动力。政策对于城市创新能力成长动力的影响如何？对不同动力因素的影响有哪些不同？本节将着力回答上述问题。

6.2.1　创新政策对城市创新能力成长动力的整体激励效应

本书为探究政策工具对城市创新能力成长动力的总体影响，构建了政策对城市创新能力成长动力影响的计量方程：

$$\ln D_{i,t} = \alpha + \beta_1 \ln PN_{i,t} + \beta_2 \ln PP_{i,t} + \gamma_5 \ln GDP_{i,t} + \varepsilon_{i,t} \quad (6-1)$$

其中，$D_{i,t}$表示城市创新能力成长动力；$PN_{i,t}$表示 i 城市 t 年的科技创新政策数量；$PP_{i,t}$表示 i 城市 t 年的科技创新政策强度。

要对方程进行回归，必须首先对创新能力成长动力的总体强度进行测量。在本书第 5 章中，已经算出经济结构、产业集聚、人力资本和市场开放度 4 项成长动力的分值，实际上已构建了城市创新能力成长动力总体强度的指标体系。本节运用层次分析法对该指标体系进行赋权（如表 6－3 所示）。

表 6－3　城市创新能力成长动力强度指标体系

一级指标	二级指标	指标权重
经济结构（w＝0.25）	第一产业劳动生产率	0.05
	第二产业劳动生产率	0.05
	第三产业劳动生产率	0.05
	投资消费比	0.1
产业集聚（w＝0.25）	第一产业区位熵	0.0833
	第二产业区位熵	0.0833
	第三产业区位熵	0.0833
人力资本（w＝0.25）	科研人员或从业人口	0.1
	人口平均受教育年限	0.05
	平均工资	0.1
市场开放度（w＝0.25）	进出口总额或 GDP	0.125
	外国直接投资（FDI）	0.125

由此将测得样本中的5座浙江省城市的创新能力成长动力强度作为回归模型的因变量数据，并对变量进行回归分析（如表6-4所示）。

表6-4 创新政策对城市创新能力成长动力激励效应的回归分析

变量	系数	标准差	T统计量	或然率
政策数量	-0.005740	0.002151	-2.668309	0.0096
政策强度	0.003146	0.000629	5.003919	0.0000
国内生产总值	1.33×10^{-5}	3.10×10^{-6}	4.284680	0.0001
可决系数	0.131844	因变量均值		0.176480
调整可决系数	0.105929	因变量标准差		0.057435
标准差回归	0.054308	赤池信息准则		-2.946394
残差平方和	0.197604	施瓦茨准则		-2.850030
对数似然值	106.1238	H-Q准则		-2.908117
德宾—沃森统计量	1.106700	—		—

从回归结果可以看出，政策强度对于创新能力成长动力具有显著的正向作用，但政策数量对成长动力具有负向影响。这一结果恰好辩证地说明：市场无形之“手”和政府有为之“手”都对经济发展有重要作用。与城市创新能力不同，城市创新能力的成长动力大部分由经济发展指标构成，市场之“手”起着决定性作用，政府如果过度干预，出台过多政策，市场的秩序可能会被扰乱，反而不利于城市创新能力成长动力的发展。而有效的宏观调控，高质量、能落实的科技创新政策才能够促进和保障市场高效运行，对于城市创新能力成长动力起到有效的正向促进作用。

6.2.2　创新政策对城市创新能力成长动力的维度激励效应

为进一步研究科技创新政策对城市创新能力成长动力的影响，以政策强度和政策数量为因子分别对城市创新能力成长动力的经济结构得分、产业集聚得分、人力资本得分和市场开放度得分做回归分析，回归系数和显著性水平如表 6－5 所示。

表 6－5　创新政策对城市创新能力成长动力维度激励效应的回归分析

变量	经济结构	产业集聚	人力资本	市场开放度
政策数量	－0.002019 （p = 0.4820）	－0.014829 （p = 0.0024）	－0.014829 （p = 0.1975）	－0.001052 （p = 0.0020）
政策强度	0.002333 （p = 0.0068）	0.008146 （p = 0.0000）	0.008146 （p = 0.0019）	0.000401 （p = 0.0000）

从回归分析结果可以看出，政策数量对经济结构和人力资本的影响不显著，对产业集聚和市场开放度产生了显著的负向效应，这与总体影响的分析一致。而政策强度对每一项成长动力均产生显著的正向作用。以上分析结果说明，政策对城市创新能力成长动力的影响是显著的，但主要体现在政策强度上，而非政策数量上。过多、过频繁的政策可能产生以下四个方面的问题：一是可能带来更多政府过度干预的风险，影响市场本身对于资源的配置效率，使产业集聚、市场开放度受到负向影响；二是可能增加交叉管理、多头管理，制约经济发展的效率，进而使产业集聚和市场开放度受到负向影响；三是可能影响政

策的连续性，使市场主体对政策环境难以形成明确的预期，出于对风险的规避，市场的活跃程度可能下降，进而负向影响产业集聚和市场开放度；四是可能意味着政策制定和出台的周期较短且政策的平均强度较低，大部分的政策可能是基层行政部门在相对简单的政策制定程序下的产物，政策制定的随意性较强，政策质量较低，从而影响整个政策环境的质量，进而使产业集聚和市场开放度受到负向影响。

6.3 创新政策对城市创新能力的激励效应研究

在2002—2015年实行的科技创新相关政策供给下，科技创新政策对城市创新能力的激励效应如何？在城市创新能力的哪些方面政策的激励效应更强？本节将运用回归分析，以浙江省为例，探索科技创新政策对城市创新能力的影响。

6.3.1 创新政策对城市创新能力的整体激励效应

研究科技创新相关政策工具对城市创新能力的影响，首先需要构建政策工具对城市创新能力的计量模型。本节在第5章城市创新能力成长动力计量模型的基础上加入政策影响变量——政策数量和政策强度，将原模型中的城市创新能力成长动力和城市本身发展水平因素（GDP）作为控制变量，构建计量模型如下：

$$\ln P_{i,t} = \alpha + \beta_1 \ln PN_{i,t} + \beta_2 \ln PP_{i,t} + \gamma_1 \ln S_{i,t} + \gamma_2 \ln C_{i,t} + \gamma_3 \ln H_{i,t} + \gamma_4 \ln O_{i,t} + \gamma_5 \ln GDP_{i,t} + \varepsilon_{i,t} \quad (6-2)$$

其中，$PN_{i,t}$和 $PP_{i,t}$与方程（6－1）中含义相同。

在本书样本中，浙江省共有 5 座城市，分别是杭州市、宁波市、温州市、台州市和湖州市。为使分析具有更好的信度和效度，本书在梳理浙江省科技创新政策的基础上对这 5 座城市 2002—2015 年的政策数量和政策强度进行了梳理，形成了面板数据。城市科技创新政策的政策效力强度计算方法与浙江省科技创新政策效力强度的评分方法一致，政策发布单位为市级党政机关的，发文单位按对应省级党政机关分值减一分赋值，政策文体赋分不变。将城市每年科技创新政策的总效力强度和政策数量分别与浙江省该年度科技创新政策效力强度和政策数量相加，得出该年度的城市科技创新政策效力强度和政策数量。运用面板数据对科技创新政策对城市创新能力的总体影响进行回归分析（如表 6－6 所示）。

表 6－6　　创新政策对城市创新能力的整体激励效应

变量	系数	标准差	T 统计量	或然率
政策数量	0.001347	0.000510	2.639732	0.0104
政策强度	0.026982	0.000168	2.742547	0.0074
经济结构	0.019255	0.026991	2.713385	0.0082
产业集聚	0.042784	0.015250	2.805600	0.0067
人力资本	1.043242	0.074159	14.06767	0.0000
市场开放度	0.068564	0.018207	－3.765807	0.0004
国内生产总值	9.23×10^{-6}	2.22×10^{-6}	4.166975	0.0001
可决系数	0.799507	因变量均值		0.057286
调整可决系数	0.797555	因变量标准差		0.077297
标准差回归	0.011580	赤池信息准则		－5.984371

续表

变量	系数	标准差	T统计量	或然率
残差平方和	0.008449	施瓦茨准则		-5.759521
对数似然值	216.4530	H-Q准则		-5.895058
德宾—沃森统计量	0.833494	—		—

从回归结果可以看出，政策数量与政策强度对城市创新能力均有显著的正向影响，即政策数量越多，城市创新能力越强；政策效力强度越高，城市创新能力越强。政策强度对城市创新能力的影响大于政策数量，即在政策工具对城市创新能力的影响过程中，较高的政策强度可能比频繁出台的低强度政策更有效，这与现有理论和实践是一致的。

6.3.2 创新政策对城市创新能力的维度激励效应

以上已经用实证的方法验证了政策工具对城市创新能力的总体影响。进一步分析单一维度政策工具对城市创新能力的影响主要是为了研究政策工具对城市创新能力的哪些方面激励效应较强以及研究城市创新能力的各个构成维度对政策工具反应是否敏感。在政策工具对城市创新能力总体影响计量模型的基础上，将因变量替换为城市创新能力的各个构成维度，得到方程（6-3）：

$$\ln BP_{i,j,t} = \alpha + \beta_1 \ln PN_{i,t} + \beta_2 \ln PP_{i,t} + \gamma_1 \ln S_{i,t} + \gamma_2 \ln C_{i,t} + \gamma_3 \ln H_{i,t} + \gamma_4 \ln O_{i,t} + \gamma_5 \ln GDP_{i,t} + \varepsilon_{i,t} \quad (6-3)$$

其中，$BP_{i,j,t}$表示 i 城市 t 年城市创新能力在 j 维度上的值，其他变量含义与方程（6-2）一致。回归结果如表 6-7 至表 6-10 所示。

表 6-7　创新政策工具对城市创新能力的影响——知识创造

变量	系数	标准差	T 统计量	或然率
政策数量	0.000261	0.001184	2.620548	0.0062
政策强度	0.000401	0.000389	2.529160	0.0073
经济结构	0.051440	0.062642	3.021163	0.0046
产业集聚	0.070532	0.035393	1.992819	0.0406
人力资本	0.968417	0.172115	5.626581	0.0000
市场开放度	0.126753	0.042257	2.999606	0.0039
国内生产总值	2.07×10^{-5}	5.14×10^{-6}	4.030841	0.0002
可决系数	0.728994	因变量均值		0.066574
调整可决系数	0.722232	因变量标准差		0.096378
标准差回归	0.026877	赤池信息准则		-4.300468
残差平方和	0.045509	施瓦茨准则		-4.075619
对数似然值	157.5164	H-Q 准则		-4.211155
德宾—沃森统计量	0.824135	—		—

政策数量和政策强度对知识创造均有显著正向影响，但回归系数相对较小，这可能是因为在知识创造维度上的两个具体指标中，科研经费投入相对容易受到政策影响，但在浙江省出台的各类科技创新政策中，直接作用于科研经费的相对较少。科研人员数量虽然会受到政策影响，但往往具有效果上的时滞性。

表 6-8　创新政策工具对城市创新能力的影响——创新设施

变量	系数	标准差	T 统计量	或然率
政策数量	0.004412	0.001545	2.855525	0.0058
政策强度	0.000166	0.000508	3.127634	0.0024
经济结构	0.119618	0.081748	2.463252	0.0084
产业集聚	0.209769	0.046187	4.541687	0.0000

续表

变量	系数	标准差	T统计量	或然率
人力资本	3.192275	0.224609	14.21261	0.0000
市场开放度	0.067487	0.055145	2.873808	0.0056
国内生产总值	1.79×10^{-5}	6.71×10^{-6}	2.367101	0.0097
可决系数	0.749518	因变量均值		0.118053
调整可决系数	0.744710	因变量标准差		0.149164
标准差回归	0.035074	赤池信息准则		-3.768071
残差平方和	0.077502	施瓦茨准则		-3.543221
对数似然值	138.8825	H-Q 准则		-3.678758
德宾—沃森统计量	0.605506	—		—

创新设施的情况同知识创造类似。创新设施本身对政策具有一定的敏感性，但在2002—2015年浙江省正式出台的政策当中，直接针对创新设施的政策无论在数量还是强度上都相对较弱。这可能是导致创新政策对创新设施的影响显著但回归系数较低的原因。

表6-9　创新政策对城市创新能力的维度激励效应——创新产出

变量	系数	标准差	T统计量	或然率
政策数量	0.000845	0.001459	3.078971	0.0037
政策强度	0.000323	0.000480	3.083759	0.0029
经济结构	0.098257	0.077208	2.372625	0.0078
产业集聚	0.111898	0.043623	2.265139	0.0127
人力资本	0.065630	0.212136	2.359375	0.0081
市场开放度	0.078446	0.052083	2.506176	0.0070
国内生产总值	3.36×10^{-5}	6.34×10^{-6}	5.295299	0.0000

续表

变量	系数	标准差	T 统计量	或然率
可决系数	0.633573	因变量均值		0.039622
调整可决系数	0.617723	因变量标准差		0.077590
标准差回归	0.033126	赤池信息准则		-3.882331
残差平方和	0.069134	施瓦茨准则		-3.657481
对数似然值	142.8816	H-Q 准则		-3.793018
德宾—沃森统计量	0.317420	—		—

政策数量与政策强度对创新产出有显著正向影响，对知识流动同样具有显著正向影响。在每个单一维度上，创新政策对城市创新能力虽然都有显著的正向影响，但影响强度都不大，主要体现为回归系数较小。

表 6-10　创新政策对城市创新能力的维度激励效应——知识流动

变量	系数	标准差	T 统计量	或然率
政策数量	0.000132	0.000236	2.257652	0.0091
政策强度	0.000325	0.000257	2.685191	0.0057
经济结构	0.004219	0.012477	2.438127	0.0064
产业集聚	0.002736	0.007050	2.288078	0.0093
人力资本	0.077907	0.034283	2.272487	0.0095
市场开放度	0.001572	0.008417	3.126769	0.0024
国内生产总值	5.39×10^{-7}	1.02×10^{-6}	3.526034	0.0000
可决系数	0.567377	因变量均值		0.004896
调整可决系数	0.526175	因变量标准差		0.007777
标准差回归	0.005353	赤池信息准则		-7.527505
残差平方和	0.001806	施瓦茨准则		-7.302655
对数似然值	270.4627	H-Q 准则		-7.438192
德宾—沃森统计量	2.381962	—		—

在创新设施和创新产出两个维度上，政策数量的影响较大，而知识创造和知识流动则对政策强度反应更加敏感。当然，政策工具对于城市创新能力的影响不仅限于直接影响，也可能通过影响城市创新政策的成长动力而间接影响城市创新能力。

6.4 创新政策与城市创新能力空间分布和成长动力的关系解释

在本书第 3 章归纳的区域创新系统模型中，政策作为政府主体调节创新活动、促进创新能力提升的重要手段处在第二个层面，是创新的重要环境保障。通过本章的分析，发现科技创新政策对城市创新能力的政策效应主要体现在对城市创新能力的提升效应和对城市创新能力成长动力的激励效应两个方面。在对城市创新能力的提升效应中，政策数量和政策质量对城市创新能力各个维度均有正向影响；在对城市创新能力成长动力的激励效应中，政策数量对经济结构和人力资本影响不显著，对产业集聚和市场开放度有显著负向影响，政策强度对各个成长动力均有显著正向影响。基于此，结合已构建的城市创新能力与其空间分布、成长动力的关系模型，构建政策效应与城市创新能力、城市创新能力空间分布和成长动力的关系模型（如图 6－4 所示）。

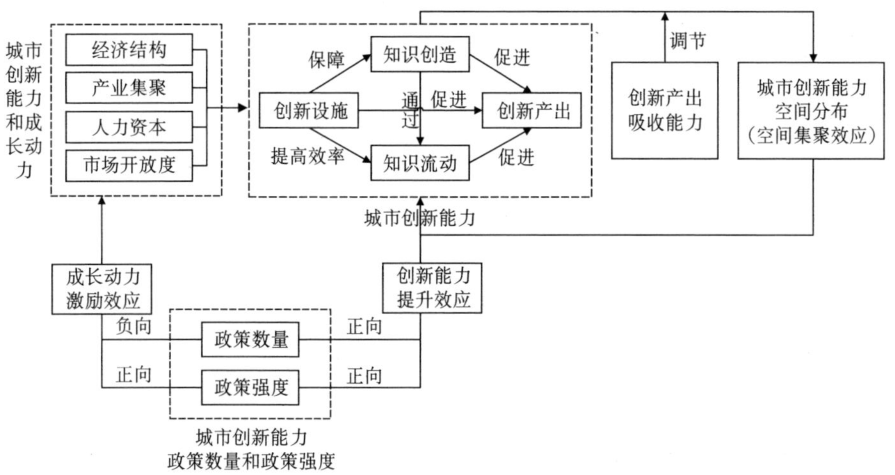

图 6－4　创新政策与城市创新能力及其空间分布、成长动力的关系模型

至此，本书通过第 3 章至第 6 章的分析，逐步完成了城市创新能力的结构模型（如图 3－2 所示），城市创新能力与其空间分布的关系模型（如图 4－9 所示），城市创新能力与其空间分布、成长动力的系统模型（如图 5－1 所示），创新政策与城市创新能力及其空间分布、成长动力的关系模型（如图 6－4 所示）的构建和推演，厘清了城市创新能力、城市创新能力的空间分布、成长动力与政策效应之间的关系以及内部结构。

第7章

城市创新能力激励政策的优化路径研究

本书研究的目的是希望通过在地理空间视角下对我国城市创新能力及其影响因素的分析，发现并改善创新产出等方面存在的不足，从而建立协同、高效、合理的城市创新能力提升环境，实现以创新促发展的目标。本书通过对城市创新能力空间计量分析，总结出了城市创新能力的空间分布特征及其影响因素与机制，并结合我国国情与各个城市实际情况，对城市创新能力的提升提出了优化对策。

7.1 发挥政府能动性，营造灵活高效的制度环境

政府能动性在本书研究中体现为政府和政府成员在运用公

共权力服务城市创新能力时的主观积极性。政府是城市的管理者，它不仅在经济中起着宏观调控和引导的作用，还通过政府职能影响城市发展的各个方面，既是秩序维护者也是服务者。由此可见，城市创新能力的提升和空间格局的优化离不开政府营造的制度环境。

首先，政府需要厘清应该发挥的职能，填补职能缺位，该管时要管。通过制定相应的政策和法律法规加强引导，强调创新驱动，规范城市创新产出过程，并对产出结果给予充分的保护，降低各个要素在城市之间的流动成本，提高知识溢出效率；政府牵头为本地区科技产业招商引资，推动合作，为城市创新提供发展和提升机遇；根据自身情况逐步扩大科技支出在财政支出中的比重，为城市创新能力吸收和外溢奠定坚实的资金基础。根据上述分析可知，制度因素对城市创新能力具有显著的正向作用。但目前，我国科技经费支出占财政支出的比重整体上并不高，并且区域之间存在较大差异。因此，政府应积极发挥主观能动性，在提升本地区创新能力的同时，推动跨城市创新合作。

其次，政府需要厘清不应该插手的事务，避免职能越位，该放时要放。依托城市而存在的城市创新活动，最关键的一步是实现由创新理念向创新产品转化（即创新产出过程）。这一过程必须遵循经济规律，充分发挥市场在其中的决定性作用，通过价值规律协调城市内部和城市之间的协作关系；政府必须回到服务者的位置，为百姓的产权和市场公平竞争原则提供有力保障。政府在认识了上述两点的基础上，营造的灵活高效的制度环境，有助于实现城市创新能力的显著提升。

7.2 提升经济实力，打造多元稳健的经济基础

经济基础是城市创新能力的核心和根本要素，直接影响城市创新活动的吸收和溢出效果。我国经济发展已进入新常态，更需要打造多元、稳健的经济基础，从而为城市创新能力的优化提供良好的资金和物质保障。研究结果显示，地区生产总值对城市创新能力的正向驱动强度仅次于研发投入。可见，一个城市的经济实力在提升创新能力过程中的重要性。

地区生产总值作为区域内所有常住单位在一定时期内生产活动的最终成果，受到消费、投资和出口的影响。因此，在国内经济下行压力犹存的形势下，要巩固地区经济基础，提高地区生产总值，才能不断提升地区创新能力，具体可从以下三个方面作出努力。首先，从优化产业机构入手，根据城市自身发展特点，降低传统劳动力依赖型产业和资源依赖型产业比重，通过掌握核心技术，推动传统产业转型升级，坚持供给侧结构性改革，转变粗放型生产模式，淘汰落后产能；推动高新技术产业的发展并形成产业集群，借助互联网的发展大势，实现信息化与产业化深度融合并成长为城市新的经济增长点，从而扩大内需。其次，应积极鼓励和引导民间投资，2017 年，我国民间投资数额超过 38 万亿元，占我国全部投资总额的 60.4%。可见，民间投资具有非常重要的地位和作用。坚持以市场需求为

向导，建立健全民间投资激励机制，进一步降低准入门槛，增加民营企业自主权。同时，加强政府引导，促使民营企业转向产业链丰富、发展前景好的领域，从而提高企业的投资回报率。最后，应不断优化对外开放。李克强总理明确指出，“中国40年来有目共睹的经济社会发展成就和开放是密不可分的。开放推动了改革，促进了发展”①。我们要清醒地认识到，提高城市创新能力与优化对外开放密切相关。各个城市应紧跟国家优化开放策略，在自身优势基础上，抓住“一带一路”等战略构想的机遇期，提升城市营商环境，从而便于与国际接轨。

7.3 加大研发投入，构造坚实有力的创新支撑

近年来，我国创新驱动发展成效丰硕，全社会研发投入年均增长率达到11%，规模跃居世界第二位。通过加大研发投入，尽可能释放科技进步的红利，将有可能抵消人口红利消失之后的不利影响，足见研发投入对创新能力的支撑作用。

通过研究可以看出，研发投入对城市创新能力的正向驱动强度排在首位，因此，加大研发投入，构造坚实有力的创新支撑尤为重要。首先，为推动区域创新能力的提升，政府须采取多种政策，鼓励企业加大投入，推动企业成为创新主体。需要

① 十三届全国人大一次会议闭幕后，李克强总理回答记者提问时的讲话。

注意的是，我们不应盲目认为加大研发投入必定提升创新产出，各地应结合自身高新技术产业发展特点，使企业坚持适度投入的原则，从而发挥最大限度的溢出效应。其次，随着研发投入的不断增加，企业对创新资源的管理能力也要同步提高，协调研发投入与其他各类资源的关系，调节研发投入结构，通过采取分类重组或有效转移的措施对不适应当地发展的科技投入进行调整，以提高资金的利用效率。最后，我们应充分认识创新能力与研发投入具有空间异质性的特点，政府在出台税收减免或财政补贴等政策时需要考虑区域性战略新兴产业发展动态，采取差异化的研发投入策略，优化研发投入格局和强度；企业应根据自身产业结构特点和所处地理区位，不断对研发投入方式和强度灵活调整，实现研发投入在本企业的最大红利溢出。

7.4 加强信息化建设，创设先进便捷的流通网络

随着现代信息技术的迅猛发展，大数据、物联网、互联网、云计算、智慧城市等将城市的各类资源进一步整合，加速了我国新型城镇化的进程。在党的十八大提出的“新四化目标”中，信息化是非常重要的一环，是新型城镇化发展谋求新途径、新方式的重要动力。由此可见，加强信息化建设是城市创新能力提升必不可少的基础环境。

加强城市信息化建设的目的是实现信息互通、资源整合以

及应用创新，转变以往各自为政、资源分散和重复建设的状况，走新时期城市信息化发展道路。第一，明确信息化建设面向的主体方向，政府、企业和居民是城市创新能力发挥的主力军，也是信息化建设需要把握的主体。对政府来说，城市信息化建设的重点方向是政务服务、社会服务等管理和服务类信息化应用。对企业来说，产业园区建设、传统改造等是信息化应用重点。对于居民来说，城市信息化建设的重点方向是数字化城市管理、绿色建筑等相关的宜居类信息化应用。第二，加大宽带网络等基础设施投入，尤其是提高农村网络覆盖率，从而扩大互联网用户接入数；建立公共信息服务平台，为数据共享、处理以及系统集成服务提供有力支撑；完善终端系统以顺应城市信息化建设的要求，提供多种类型的便捷、高效设施，满足不同群体需求。第三，城市信息化建设是一个复杂的系统工程，需要采取措施提供保障。建立健全相关法律制度规范，提供保护知识产权、信息安全和投资财税等保障措施，形成标准规范、构成合理、安全有效的信息化建设环境；建立一套人才引进、培养机制，实现信息化紧缺人才的持续优质输出，为城市的信息化建设提供人才保障。

7.5 优化对外开放，创建顺畅优质的引进格局

党的十九大报告指出，推动形成全面开放新格局是建设现

代经济体系的重要举措。改革开放40年以来，中国经济社会取得了突飞猛进的发展。实践证明，通过构建开放性经济体系有利于实现合作共赢，也反映出优化对外开放格局的意义所在。积极利用外资是我国实施对外开放的重要组成部分，通过利用外资能够引进国外先进技术和人才，在一定程度上有利于城市创新能力的发展。但也有研究显示，FDI这一影响因素对城市创新能力具有负向驱动强度。结合我国利用外资的实际情况来看，受世界经济、产业布局调整的影响，我国利用外资和对外开放格局还有待进一步优化。

首先，需要不断深入调整利用外资结构。受我国长期以来产业结构特征的影响，外商投资总体呈现向劳动密集型产业和资源密集型产业集聚。这些产业科技含量较低，难以对城市创新能力发挥显著促进作用。因此，在优化城市产业结构的基础上，积极引导外资注入方向向资本密集型、技术密集型产业转变，同时向技术研发等方向延伸。其次，促进内资企业与外资企业公平竞争。外资企业同样是国民经济的重要组成部分，享受与国有企业、民营企业同等待遇，各个地区要对外资企业采取具有一致性的法规政策，严格保护外资企业的知识产权，为外资企业引入后在本城市的发展创建良好的营商环境。最后，优化利用外资的空间格局。从我国各个城市利用外资的整体情况看，我国东部地区城市利用外资水平较高，中西部地区城市利用外资水平较低。随着“一带一路”倡议的不断推进，我国利用外资的空间格局需要从重点开放东部地区向东西部地区并举转变，从而在全国范围内实现外资利用水平的总体提升。

7.6 增进互动交流，实现创新能力区域协调发展

党的十八大以来，中国区域协调发展的版图变得更加清晰，以习近平同志为核心的党中央积极推进京津冀、长江经济带、粤港澳大湾区等区域建设，并出台了一系列创新举措以实现我国东部地区率先发展、西部大开发、东北地区振兴和中部地区崛起。值得注意的是，尽管目前区域发展取得了显著成绩，但面临的挑战不容小觑。本书发现，我国城市创新能力空间分布存在明显的不平衡性，创新能力强的城市集聚在我国东部地区，而我国西部地区则是明显的低值集聚区，我国中部地区部分城市出现崛起现象，但并没有形成有效的溢出效应，未带动周边区域发展。由此可见，我国城市创新能力在区域协调发展方面还有待提高。

城市作为一个具有空间结构的体系，是由多个子系统组成的复杂网络。城市创新能力作为子系统之一，其作用的发挥是城市网络中各个部分协同推动的结果。首先，城市应加强内部吸收能力和协作能力，充分发挥政府能动性，提升经济实力，加大研发投入，加强信息化建设，优化对外开放，参与区域互动交流，实现优质吸收与有效溢出同时进行。其次，城市要强化创新能力的空间联系。在此过程中须坚持“分区分级分类”发展思路，将目前我国东、中、西部地区存在的创新梯度融入

创新生产链条的不同阶段，既能够差异化分工，又能够发挥错位互补、优势融合，实现分区提升创新能力的目的。另外，由于城市创新能力存在差异，各城市需根据自身发展特点集聚各具特色的创新网络，推动城市群发展。例如，我国综合实力强劲的长江三角洲城市群、珠江三角洲城市群、京津冀城市群、山东半岛城市群、成渝城市群以及规划中的关中平原城市群、呼包鄂榆城市群、兰西城市群等。根据城市和地理位置特征形成的城市群能够共享创新资源，形成创新合力，实现对创新产出的吸收与溢出，从而实现分级提升创新能力的目的；分类提升则是提倡按照本地科技资源优势提升创新能力，遵循差异化发展，而不是违背现有集聚规律追求创新能力分布的同质化。通过“分区分级分类”的发展思路促进城市协调互动，以创新兴起带动创新集聚，实现城市创新能力点、线、面提升的发展目标。

第 8 章

结论与展望

本章将概述本书的主要结论，并对本书研究的主要创新点和不足进行总结，以此为基础对未来的研究方向作出可行性展望。

8.1 研究的主要结论

本书在创新成为国家发展第一驱动力的大背景下，以创新要素集聚效应最明显的城市为研究对象，探索了我国城市创新能力的概念内涵，在系统梳理内生增长理论、国家创新体系理论和产业集群理论等相关研究的基础上，构建城市创新能力的结构模型，并对我国 101 座人口 100 万人以上城市的城市创新能力进行科学测量。在此基础上，运用SPSS统计分析软件从城市创新能力的视角对样本城市进行聚类分析和城市创新能力结构特征分析。运用ArcGIS地理信息系统分析软件对样本城市的城市创新能力空间分布特征进行分析。基于对城市创新能力的分析与测量，识别城市创新能力的成长动力，构建了城市创新能力成长动力的理论模型。运用2002—2015年101座人口100万人以上城市的面板数据对城市创新能力成长动力进行回归分析，研究其对城市创新能力的驱动强度。最后，以浙江省为例，系统梳理了2002—2015年浙江省及样本内五个浙江省辖市科技创新政策，分析这一时期浙江省科技创新政策供给的特征，并运用面板数据和回归分析的方法，研究相关政策对城市创新能力和城市创新能力成长动力的激励效应。

本研究得出以下结论：

（1）城市创新能力的概念、结构模型与实际测度。本书将城市创新能力定义为一个城市将知识转变为新产品、新工艺、新服务的能力。在系统梳理内生增长理论、国家创新体系理论和产业集群理论相关研究的基础上，识别出知识创造、知识流动、创新设施、创新产出四个城市创新能力的构成维度并构建了城市创新能力的结构模型。该模型从经典研究对于区域创新系统中创新主体、创新要素及其相互关联的体系框架中抽象得出，以识别的四个维度为基础，刻画了四个维度之间的相互关联。构建了一套城市创新能力的实际测度指标体系。对2002—2015年我国101座人口100万人以上城市的城市创新能力进行了科学测量。在此基础上，抽取2015年截面数据，对我国一线城市、新一线城市、二线城市、三线城市和四、五线城市的城市创新能力进行方差分析，发现我国城市的创新能力整体上呈“金字塔”型分布，越靠近“金字塔”顶端，城市经济社会发展程度越高、城市数量越少、城市创新能力越强，且在创新能力上的领先优势越显著、越全面；反之，越靠近“金字塔”底端，城市经济社会发展程度越低、城市数量越多、城市创新能力越弱，城市之间的创新能力越接近，创新能力的差异往往只体现在一个或几个维度上。

（2）城市创新能力的聚类分析。对我国城市创新能力及其单一维度得分进行聚类分析，从城市创新能力的视角将样本中城市聚类分为四类，并分别对每类城市的城市创新能力结构特征进行分析。研究发现，综合型高水平创新能力城市（包括北京市、上海市和广州市）的城市创新能力整体处于全国最佳水平，且在各个维度上发展相对均衡；高水平创新能力城市（包括武汉市、深圳市、西安市、成都市、南京市、天津市、重庆市、苏州市、杭州市、济南市、合肥市、郑州市、长沙市）的城市情况相对复杂，大部分在某一个维度上存在明显的短板或在某一维度上特别突出，多数城市的短板体现在知识流动维度上，深圳市的明显短板体现在创新设施维度上。特色型创新能力城市（包括哈尔滨市、沈阳市、无锡市、石家庄市、南昌市、青岛市、太原市、昆明市、宁波市、长春市、大连市、福州市和常州市）在知识创造和知识流动两个维度上普遍较弱，但在创新设施或创新产出维度上较突出。普通创新能力城市（包括南宁市、佛山市、贵阳市等其他未被列入前三类的城市）在各个维度上的得分均较低。

（3）城市创新能力的空间分布特征。运用地理信息系统对我国城市创新能力空间分布进行分析，发现我国城市创新能力在空间分布上呈现较显著的集聚效应。京津冀地区、长江三角洲地区和珠江三角洲地区是三个主要聚集区域，它们与地处我国西部地区的重庆市、成都市构成的四边形区域覆盖了我国大部分创新能力的热点城市（如我国中部地区的武汉市、郑州市、合肥市和长沙市等），是我国创新能力的“黄金四边形”。

（4）城市创新能力的空间溢出效应。区域莫兰指数分析发现，我国大部分城市创新能力较高的城市创新溢出效应不显著，与周边城市的创新能力有显著差异，但长江三角洲地区和珠江三角洲地区在呈现整体较高的城市创新能力水平的同时，该地区大城市的空间溢出效应较显著。

（5）城市创新能力成长动力识别与分析。本书基于对区域创新能力形成机理的理论分析，将经济结构、产业集聚、人力资本和市场开放度作为城市创新能力的成长动力。上述变量对城市创新能力均有显著正向的驱动强度。从回归系数上看，人力资本对城市创新能力的驱动效应最明显，经济结构的驱动效应居次位，产业聚集与市场开放度的城市创新能力驱动效应弱于人力资本和经济结构。

（6）政策对城市创新能力的激励效应。政策数量与政策强度对城市创新能力均有显著的正向影响，即政策数量越多，城市创新能力越强；政策效力强度越高，城市创新能力越强。从回归系数上看，政策强度对城市科技创新能力的影响大于政策数量。从不同维度上看，政策数量和政策强度对知识创造、知识流动、创新设施和创新产出均有显著正向影响，但在每个单一维度上的影响强度都不大，主要体现为回归系数较小。

（7）政策对城市创新能力成长动力的激励效应。政策强度对于城市创新能力成长动力具有显著的正向作用，但政策数量则对城市创新能力成长动力具有负向影响。从不同维度上看，政策数量对经济结构和人力资本的影响不显著，而对产业集聚和市场开放度产生了显著的负向效应。这与政策数量的总体影响是一致的。而政策强度对每一项成长动力均产生显著的正向作用。这说明政策对城市创新能力成长动力的影响是显著的，但主要体现在政策强度上，而非政策数量上。

（8）构建了城市创新能力、城市创新能力空间分布、城市创新能力成长动力、城市创新能力政策效应之间的关系模型，厘清了城市创新能力、城市创新能力的空间分布、成长动力与政策效应之间的关系以及内部结构。

8.2 研究的创新点

8.2.1　研究内容创新

一是概念模型和测度体系的构建。本书较全面地梳理了城市创新能力的内涵、结构和测度体系，建立了具有可操作性的概念模型和测度体系，并用该测度体系对我国的城市创新能力进行了评价。二是城市创新能力空间分布的刻画。城市创新能力的空间分布在我国尚属空白，本书利用空间地理知识描绘出了我国101座地级市的城市创新能力空间分布，有助于更好地把握我国技术创新的发展态势。三是城市创新能力成长动力的研究。我国城市创新能力成长动力的研究尚存在不足，本书对城市创新能力的驱动因素和驱动机制的分析有助于更好地促进城市创新能力的发展。四是构建了城市创新能力与其空间分布、成长动力、政策效应关系的模型。

8.2.2 研究方法创新

运用空间地理知识刻画出我国城市创新能力的分布图，该方法在城市创新领域的应用尚属首次。运用空间面板回归模型、结构方程模型和系统动力学模型，找出了城市创新能力的驱动因素，发现了城市创新能力的驱动机制，弥补了城市创新能力形成机理研究的空白。运用文献调研、专家访谈、实地调研等方式构建了我国城市创新能力的激励政策体系，这种系统的研究方法在我国城市创新政策领域尚未得到广泛应用。

8.3 研究的不足与展望

由于受客观条件的限制，本研究还存在若干不足，主要集中在以下两个方面：一是数据的可获得性不高。由于在城市尺度上的创新能力研究较少，并且一些地级市的统计数据可获得性较差，在数据采集的过程中存在同一指标来源不完全统一，以及个别城市个别指标在某些年份上有缺失等情况。尽管在实际研究过程中已经采取了曲线平滑法等办法对数据进行了修补，但仍有可能影响数据的分析结果。二是研究样本还应当扩大。本研究选择的城市样本为人口 100 万人以上的城市，对于中小城市的关注不足。

基于以上两个方面的不足，未来研究可以在以下两个方面进行深化与展开。一是开展城市创新能力的田野调查研究，一方面，可以避免由于数据缺失带来的困扰；另一方面，能够采集一手资料，对城市创新能力形成机制、城市创新能力成长动力对城市创新能力的驱动效应有更加深入的研究。二是继续扩大研究样本，使样本对城市的覆盖更加广泛，在分析时更加全面准确。

参 考 文 献

[1] ANDERSSON M, KARLSSON C. Regional innovation systems in small & medium - sized regions: a critical review & assessment [J]. JIBS Working Paper Series, 2002 (2): 467 -480.

[2] ANSELIN L. Spatial econometrics: methods and models (studies in operational regional science) [M]. Dordrecht: Kluwer Academic Publishers, 1988.

[3] ANSELIN L, VARGA A, ACS Z J. Local geographic spillovers between university research and high technology innovations [J]. Journal of Urban Economics, 1997, 42 (3): 422 -448.

[4] ARROW K J. The economic implications of learning by doing [J]. The Review of Economic Studies, 1962, 29 (80): 155 -173.

[5] ASHEIM B T, ISAKSEN A. Regional innovation systems: the integration of local "sticky" and global "ubiquitous" knowledge [J]. The Journal of Technology Transfer, 2002, 27 (1): 77 -86.

[6] ASHEIM B T, ISAKSEN A. Localized knowledge, interactive learning and innovation: between regional networks and global

corporations [M] //VATNE E, TAYLOR M. The networked firm in a global world. Burlington, VT: Ashgate Publishing Limited, 2000.

[7] AUTIO E. Evaluation of RTD in regional systems of innovation [J]. European Planning Studies, 1998, 6 (2): 131 - 140.

[8] AUDRETSCH D B, FELDMAN M P. R&D spillovers and the geography of innovation and production [J]. The American Economic Review, 1996, 86 (3): 630 - 640.

[9] BARRO R J. Economic growth in a cross section of countries [J]. The Quarterly Journal of Economics, 1991, 106 (2): 407 - 443.

[10] BARRO R J, LEE J W. Sources of economic growth [J]. Carnegie - Rochester Conference Series on Public Policy, 1994, 40 (1): 1 - 46.

[11] BRADFORD N. Creative cities: structured policy dialogue report [R]. Ottawa: Canadian Policy Research Networks Inc. , 2004.

[12] CARLINO G A, CHATTERJEE S, HUNT R M. Urban density and the rate of invention [J]. Journal of Urban Economics, 2007, 61 (3): 389 - 419.

[13] CASSIMAN B, VEUGELERS R. Complementarity in the innovation strategy: internal R&D, external technology acquisition, and cooperation [C]. CEPR Discussion Papers, 2002.

[14] CHEN D H C, KEE H L. A model on knowledge and endogenous growth [R]. Washington DC: World Bank, 2003 (NO. 3935) .

[15] CICCONE A, PERI G. Identifying human – capital externalities: theory with applications [J]. The Review of Economic Studies, 2006, 73 (2): 381 – 412.

[16] CLIFF A D, ORD J K. Spatial autocorrelation [M]. London: Pion, 1973.

[17] COOKE P, SCHIENSTOCK G. Structural competitiveness and learning regions [J]. Enterprise and Innovation Management Studies, 2000, 1 (3): 265 – 280.

[18] COOKE P. Regional innovation systems: competitive regulation in the new Europe [J]. Geoforum, 1992, 23 (3): 365 – 382.

[19] COOKE P, URANGA M G, ETXEBARRIA G. Regional systems of innovation: an evolutionary perspective [J]. Environment and Planning A, 1998, 30 (9): 1563 – 1584.

[20] CONNOLLY M. The dual nature of trade: measuring its impact on imitation and growth [J]. Journal of Development Economics, 2003, 72 (1): 31 – 55.

[21] DODGSON M, BESSANT J. Effective innovation policy [M]. London: International Thosen Business Press, 1996.

[22] ERIKSSON A. Regional innovation systems – from theory to accomplishment [R] . Stockholm: Swedish Office of Science and Technology, 2000.

[23] FELDMAN M P. The geography of innovation [M]. Dordrecht: Kluwer Academic Publishers, 1994.

[24] FISCHER M M, VARGA A. Spatial knowledge spillo-

vers and university research: evidence from Austria [J]. The Annals of Regional Science, 2003, 37 (2): 303 -322.

[25] FRANK M, FARID S. Territorial innovation models: a critical survey [J]. Regional Studies, 2003, 37 (3): 289 -302.

[26] FREEMAN C. Technology policy and economic performance: lessons from Japan [M]. London: Pinter Press, 1987.

[27] FREEMAN C. The "national system of innovation" in historical perspective [J]. Cambridge Journal of Economics, 1995, 19 (1): 5 -24.

[28] FREEMAN C. The economics of industrial innovation [M]. London: Frances Pinter, 1982.

[29] FRITSCH M. Cooperation and the efficiency of regional innovation R&D activities [Z]. Cambridge Journal Economics, 2004, 28 (6): 829 -846.

[30] FURMAN J L, PORTER M E, STERN S. The determinants of national innovative capacity [J]. Research Policy, 2002, 31 (6): 899 -933.

[31] FURMAN J L, HAYES R. Catching up or standing still? National innovative productivity among "follower" countries, 1978 -1999 [J]. Research Policy, 2004, 33 (9): 1329 -1354.

[32] GIOVANNI SCHIUMA, ANTONIO LERRO. Knowledge -based capital in building regional innovation capacity [J]. Journal of Knowledge Management, 2008, 12 (5): 121 -136.

[33] GLAESER E L, MARE D C. Cities and skills [J]. Journal of Labor Economics, 2001, 19 (2): 316 -342.

[34] GOODCHILD M F. Geographical information science [J]. International Journal of Geographical Information Systems, 1992, 6 (1): 31 -45.

[35] GRILICHES Z. Issues in assessing the contribution of research and development to productivity growth [J]. The Bell Journal of Economics, 1979, 10 (1) : 92 -116.

[36] HALL P. Cities in civilization [M]. New York: Pantheon Books, 1998.

[37] HENNY ROMIJN, MIKE ALBU. Innovation, networking and proximity: lessons from small high technology firms in the UK [J]. Regional Studies, 2002, 36 (1): 81 -86.

[38] HOSPERS G J. Creative cities in Europe [J]. Intereconomics, 2003, 38 (5): 260 -269.

[39] ISAKSEN A. Building regional innovation systems: is endogenous industrial development possible in the global economy [J]. Canadian Journal of Regional Science, 2001 (1): 101 -120.

[40] JAFFE A B. Technological opportunity and spillovers of R&D: evidence from firms' patents, profits, and market value [J]. The American Economic Review, 1986, 76 (5): 984 -999.

[41] JAFFE A B. Real effects of academic research [J]. The American Economic Review, 1989, 79 (5): 957 -970.

[42] JONES C I. R&D based models of economic growth [J]. The Journal of Political Economy, 1995, 103 (4): 759 -784.

[43] KELLER W. Geographic localization of international technology diffusion [J]. The American Economic Review, 2002,

92 (1): 120 -142.

[44] KRUGMAN P. Development, geography, and economic theory [M]. Cambridge, MA: The MIT Press, 1998.

[45] KRUGMAN P. Increasing returns and economic geography [J]. The Journal of Political Economy, 1991, 99: 483 -499.

[46] KUHLMANN S. Future governance of innovation policy in Europe - three scenarios [J]. Research Policy, 2001, 30 (6): 953 -976.

[47] LANDRY C. The creative city: a toolkit for urban innovators [M]. 1st ed. London: Earthscan Publications Ltd, 2000.

[48] LUCAS R E. On the mechanics of economic development [J]. Journal of Monetary Economics, 1988, 22 (1): 3 -42.

[49] CANIËLSM C J., VERSPAGEN B. Barriers to knowledge spillovers and regional convergence in an evolutionary model [J]. Journal of Evolutionary Economics, 2001, 11 (3): 307 -329.

[50] MANSFIELD E. The economics of technological change [M]. New York: W. W. Norton and Company, 1971.

[51] MATHEWS J A, HU MEI - CHIH. Enhancing the role of universities in building national innovative capacity in Asia: the case of Taiwan [J]. World Development, 2007, 35 (6): 1005 - 1020.

[52] MUSTAR P, LARÉDO P. Innovation and research policy in France (1980 -2000) or the disappearance of the Colbertist state [J]. Research Policy, 2002, 31 (1): 55 -72.

[53] NELSON R. National innovation systems [M]. Oxford: Oxford University Press, 1993.

[54] OECD. Innovation policy [R]. Paris: OECD, 1982.

[55] PALIT A, NAWANI S. Technological capability as a determinant of FDI inflows: evidence from developing Asia & India [R/OL]. (2008-09-20). http://www.icrier.org/pdf/Working_paper_193.pdf.

[56] PAELINCK J, KLAASSEN L. Spatial econometrics [M]. Farnborough: Saxon House, 1979.

[57] PORTER M E, STERN S. Measuring the "ideas" production function: evidence from international patent output [R/OL]. NBER Working Paper, (2000-09-01). https://www.nber.org/papers/w7891.pdf.

[58] RIDDEL M, SCHWER R K. Regional innovation capacity with endogenous employment: empirical evidence from the US [J]. The Review of Regional Studies, 2003, 33 (1): 73-84.

[59] PONDS R, OORT F V, FRENKENK. Innovation, spillovers and university-industry collaboration: an extended knowledge production function approach [J]. Journal of Economic Geography, 2010, 10 (2): 231-255.

[60] ROMER P M. Endogenous technological change [J]. The Journal of Political Economy, 1990, 98 (5): S71-S102.

[61] ROMER P M. Increasing returns and long-run growth [J]. The Journal of Political Economy, 1986, 94 (5): 1002-1037.

[62] ROTHWELL R. Public innovation policy: to have or to have not? [J]. R&D Management, 1986, 16 (1): 25-36.

[63] SOLOW R M. Growth theory: an exposition [M]. Ox-

ford: Oxford University Press, 2000.

[64] TOBLER W R. A computer movie simulating urban growth in the Detroit region [J]. Economic Geography, 1970, 46 (2): 234-240.

[65] WALSHOK M L, FURTEK E, LEE C W B, et al. Building regional innovation capacity: The San Diego experience [J]. Industry & Higher Education, 2002, 16 (1): 27-42.

[66] 白俊红，江可申，李婧，等. 区域创新效率的环境影响因素分析——基于 DEA-Tobit 两步法的实证检验 [J]. 研究与发展管理，2009，21 (2)：96-102.

[67] 曹勇，曹轩祯，罗楚珺，等. 我国四大直辖城市创新能力及其影响因素的比较研究 [J]. 中国软科学，2013 (6)：162-170.

[68] 常忠义. 区域创新创业政策支持体系研究 [J]. 中国科技论坛，2008 (6)：21-24，30.

[69] 陈丹宇. 基于效率的长三角区域创新网络形成机理 [J]. 经济地理，2007，27 (3)：370-374.

[70] 陈劲，陈钰芬，余芳珍. FDI 对促进我国区域创新能力的影响 [J]. 科研管理，2007，28 (1)：7-13.

[71] 陈荣华. 我国去工业化对区域性技术创新的影响研究 [D]. 上海：上海师范大学，2017.

[72] 陈武，何庆丰，王学军. 基于智力资本的区域创新能力形成机理——来自我国地级市样本数据的经验证据 [J]. 软科学，2011，25 (4)：1-7.

[73] 党文娟，张宗益，康继军. 创新环境对促进我国区域

创新能力的影响 [J]. 中国软科学, 2008 (3): 52 - 57.

[74] 邓奕婧, 郑煜. 新经济地理学知识梳理 [J]. 中国国际财经 (中英文版), 2018 (2): 43 - 44.

[75] 丁焕峰. 论区域创新系统 [J]. 科研管理, 2001, 22 (6): 1 - 8.

[76] 杜辉. "创新型城市" 的内涵与特征 [J]. 大连干部学刊, 2006, 22 (2): 10 - 12.

[77] 段学军, 虞孝感, 陆大道等. 克鲁格曼的新经济地理研究及其意义 [J]. 地理学报, 2010 (2): 131 - 138.

[78] 范柏乃, 单世涛, 陆长生. 城市技术创新能力评价指标筛选方法研究 [J]. 科学学研究, 2002, 20 (6): 663 - 668.

[79] 范允奇, 周方召. 我国高技术产业技术创新效率影响因素及区域联动效应研究 [J]. 科技管理研究, 2014 (21): 1 - 4, 21.

[80] 方远平, 谢蔓. 创新要素的空间分布及其对区域创新产出的影响——基于中国省域的 ESDA - GWR 分析 [J]. 经济地理, 2012, 32 (9): 8 - 14.

[81] 冯之俊. 区域创新系统论 [D]. 成都: 四川大学, 2002.

[82] 盖文启. 创新网络——区域经济发展新思维 [M]. 北京: 北京大学出版社, 2002.

[83] 高丽娜, 蒋伏心, 熊季霞. 区域协同创新的形成机理及空间特性 [J]. 工业技术经济, 2014 (3): 25 - 32.

[84] 高翔. 城市规模、人力资本与中国城市创新能力 [J]. 社会科学, 2015 (3): 49 - 58.

［85］高晓霞，芮雪琴，宋燕．中国省市区域创新能力动态研究——基于2001—2010年面板数据［J］．科技管理研究，2014（2）：15－19.

［86］谷国锋，李连刚，王建康．中国科技创新的空间集聚及其溢出效应——基于面板数据空间计量分析［J］．科学决策，2015（12）：42－56.

［87］桂在泓，王平．论当代中国政府能动性的发生与制约［J］．合肥师范学院学报，2010，28（1）：66－71.

［88］郭华巍．基于SOP模型的城市创新能力评价指标构建研究［J］．科技管理研究，2011（8）：50－52.

［89］韩增林，郭建科，杨大海．副省级城市创新型城市建设比较研究——兼论大连市创新能力的成长与提升［J］．城市问题，2008（11）：35－41.

［90］何山，陈玲，DUYSTERS G．基于模糊贴近度的城市创新系统生命周期评价研究［J］．开发研究，2013（2）：14－17.

［91］何舜辉，杜德斌，焦美琪，等．中国地级以上城市创新能力的时空格局演变及影响因素分析［J］．地理科学，2017，37（7）：1014－1022.

［92］贺赛龙．基于区域的城市创新体系研究［J］．特区经济，2005（1）：167－168.

［93］侯鹏，刘思明，建兰宁．创新环境对中国区域创新能力的影响及地区差异研究［J］．经济问题探索，2014（11）：73－80.

［94］侯仁勇，杨道云，陈红．城市创新能力评价指标体系的构建及实证分析［J］．科技进步与对策，2009，26（17）：

141 – 143.

[95] 胡宝娣，胡兵．中西部地区区域创新能力研究 [J]. 重庆工商大学学报（西部经济论坛），2003 (5)：17 – 19.

[96] 胡怀国．内生增长理论的产生、发展与争论 [J]. 宁夏社会科学，2003 (2)：24 – 30.

[97] 胡志坚，苏靖．区域创新系统理论的提出与发展 [J]. 中国科技论坛，1999 (6)：20 – 23.

[98] 黄蓓．中国区域创新能力的空间统计研究 [D]. 合肥：安徽财经大学，2011.

[99] 黄国平，孔欣欣．金融促进科技创新政策和制度分析 [J]. 中国软科学，2009 (2)：28 – 37.

[100] 黄继，管顺丰．武汉城市创新系统创新能力评价与提升对策 [J]. 科技进步与对策，2007，24 (5)：72 – 74.

[101] 黄鲁成．关于区域创新系统研究内容的探讨 [J]. 科研管理，2000，21 (2)：43 – 48.

[102] 黄鲁成．宏观区域创新体系的理论模式研究 [J]. 中国软科学，2002 (1)：95 – 98.

[103] 黄亦鹏，魏国平，尹怡然．区域创新、产业集群发展与知识产权战略研究 [J]. 科技管理研究，2014 (21)：143 – 146.

[104] 江兵，杨蕾，杨善林．区域创新系统理论与结构模型 [J]. 合肥工业大学学报（社会科学版），2005，19 (1)：33 – 39.

[105] 姜磊，季民河．城市化、区域创新集群与空间知识溢出——基于空间计量经济学模型的实证 [J]. 软科学，2011，25 (12)：86 – 90.

[106] 姜磊. 空间回归模型选择的反思 [J]. 统计与信息论坛, 2016, 31 (10): 10 - 16.

[107] 蒋振威, 王平. 海南区域技术创新能力评价与空间差异性分析——基于2009—2014年海南18个市县面板数据 [J]. 经济地理, 2016, 36 (11): 24 - 30.

[108] 雷仲敏. 城市科技创新系统及其评价的实证研究 [J]. 城市, 2007 (2): 14 - 19.

[109] 李恒. 区域创新能力的空间特征及其对经济增长的作用 [J]. 河南大学学报 (社会科学版), 2012, 52 (4): 73 - 79.

[110] 李琳, 韩宝龙, 李祖辉. 等. 创新型城市竞争力评价指标体系及实证研究——基于长沙与东部主要城市的比较分析 [J]. 经济地理, 2011 (2): 224 - 229, 239.

[111] 李平, 崔喜君, 刘建. 中国自主创新中研发资本投入产出绩效分析——兼论人力资本和知识产权保护的影响 [J]. 中国社会科学, 2007 (2): 32 - 42.

[112] 李琬, 张玉利, 胡望斌. 创新型城市第四代创新评价指标体系构建与实证研究 [J]. 科技管理研究, 2010 (1): 54 - 57.

[113] 李习保. 区域创新环境对创新活动效率影响的实证研究 [J]. 数量经济技术经济研究, 2007, 24 (8): 13 - 24.

[114] 李习保. 中国区域创新能力变迁的实证分析: 基于创新系统的观点 [J]. 管理世界, 2007 (12): 18 - 30.

[115] 李晓钟, 张小蒂. 外商直接投资对我国技术创新能力影响及地区差异分析 [J]. 中国工业经济, 2008 (9): 77 - 87.

[116] 李正锋, 逯宇铎, 于娇. 区域创新系统中知识产权

保护机制与创新动力模型研究［J］. 科学管理研究，2015，33（5）：63－66.

［117］李正梅. 成渝城市群创新能力评价研究［D］. 重庆：西南大学，2017.

［118］李志刚，汤书昆，梁晓艳，等. 我国创新产出的空间分布特征研究——基于省际专利统计数据的空间计量分析［J］. 科学学与科学技术管理，2006，27（8）：64－71.

［119］李志宏，王娜，马倩. 基于空间计量的区域间创新行为知识溢出分析［J］. 科研管理，2013，34（6）：9－16.

［120］刘凤朝，孙玉涛. 基于三维模型的国家创新能力两步测度［J］. 科学学研究，2009，27（11）：1749－1755.

［121］刘凤朝，等. 国家创新能力测度方法及其应用［M］. 北京：科学出版社，2009.

［122］刘凤朝，潘雄峰，王元地，等. 15 个副省级城市专利发展状况评价与分析［J］. 情报科学，2004，22（8）：955－959.

［123］刘军，李廉水，王忠. 产业聚集对区域创新能力的影响及其行业差异［J］. 科研管理，2010，31（6）：191－198.

［124］刘鹏，张运峰. 产业集聚、FDI 与城市创新能力——基于我国 264 个地级市数据的空间杜宾模型［J］. 华东经济管理，2017，31（5）：56－65.

［125］刘顺忠，官建成. 区域创新系统创新绩效的评价［J］. 中国管理科学，2002，10（1）：75－78.

［126］刘伟. 论地方政府社会治理创新的政策转化：影响因素与优化路径［J］. 理论探讨，2016（4）：155－159.

［127］刘孝斌，胡继妹，沈佳文. 城市创新能力的影响因

素——以上海市为样本［J］．城市学刊，2015，36（2）：41－47.

［128］柳卸林，胡志坚．中国区域创新能力的分布与成因［J］．科学学研究，2002，20（5）：550－556.

［129］龙开元．跨行政区创新体系建设初探［J］．中国科技论坛，2004，15（6）：50－54.

［130］马池顺．创新资源视角下的创新型城市成长研究［D］．武汉：武汉理工大学，2013.

［131］马静，邓宏兵，蔡爱新．中国城市创新产出空间格局及影响因素——来自285个城市面板数据的检验［J］．科学学与科学技术管理，2017，38（10）：12－25.

［132］倪鹏飞，白晶，杨旭．城市创新系统的关键因素及其影响机制——基于全球436个城市数据的结构化方程模型［J］．中国工业经济，2011（2）：16－25.

［133］倪鹏飞，克拉索．全球城市竞争力报告（2009—2010）［M］．北京：社会科学文献出版社，2010.

［134］潘艳平，潘雄锋．我国创新型城市的评价与分析［J］．经济问题探索，2010（7）：50－54.

［135］齐亚伟，陶长琪．环境约束下要素集聚对区域创新能力的影响——基于GWR模型的实证分析［J］．科研管理，2014，35（9）：17－24.

［136］乔宇峰．区域创新体系的微观动力机制分析［J］．区域经济评论，2017（6）：74－84.

［137］冉光和，徐鲲，鲁钊阳．金融发展、FDI对区域创新能力的影响［J］．科研管理，2013（7）：45－52.

[138] 任锦鸾，吕永波，郭晓林．提高我国创新政策水平的综合思考 [J]. 科技进步与对策，2007，24 (2)：1－4.

[139] 任胜钢，胡春燕，王龙伟．我国区域创新网络结构特征对区域创新能力影响的实证研究 [J]. 系统工程，2011，29 (2)：50－55.

[140] 邵云飞，谭劲松．区域技术创新能力形成机理探析 [J]. 管理科学学报，2006，9 (4)：1－11.

[141] 沈冲杰．开发区创新政策对企业创新能力及绩效影响研究 [D]. 杭州：浙江大学，2007.

[142] 石忆邵，卜海燕．创新型城市评价指标体系及其比较分析 [J]. 中国科技论坛，2008 (1)：22－26.

[143] 宋河发，穆荣平，任中保．国家创新型城市评价指标体系研究 [J]. 中国科技论坛，2010 (3)：20－25.

[144] 隋映辉．城市创新系统与"城市创新圈" [J]. 学术界，2004 (3)：105－112.

[145] 孙红兵．城市创新系统的动力、能力和绩效研究 [D]. 昆明：昆明理工大学，2011.

[146] 谭清美．区域创新系统的结构与功能研究 [J]. 科技进步与对策，2002 (8)：52－54.

[147] 谭蓉娟．新经济地理学理论与模型述评 [J]. 时代经贸（中旬刊），2008 (S4)：69.

[148] 唐德祥，皮星．科技创新与区域经济的非均衡增长——基于我国东、中、西部地区的实证研究 [M]. 北京：中国物资出版社，2009.

[149] 唐启国．科学发展观与南京城市创新体系的构建

[J]. 南京社会科学，2004（Z1）：99-104.

[150] 唐炎钊. 区域科技创新能力的模糊综合评估模型及应用研究——2001年广东省科技创新能力的综合分析[J]. 系统工程理论与实践，2004，24（2）：37-43.

[151] 万坤扬，陆文聪. 中国技术创新区域变化及其成因分析——基于面板数据的空间计量经济学模型[J]. 科学学研究，2010，28（10）：1582-1591.

[152] 万勇. 区域技术创新与经济增长研究[M]. 北京：经济科学出版社，2011.

[153] 王春阳，张超. 地理集聚与空间依赖——中国区域创新的时空演进模式[J]. 科学学研究，2013，31（5）：780-789.

[154] 王焕祥，袁阁臣. 知识视角下的创新阶段理论及其创新政策组合探析[J]. 科技进步与对策，2011，28（8）：105-109.

[155] 王家庭，贾晨蕊. 中国区域创新能力及影响因素的空间计量分析[J]. 中国科技论坛，2009（12）：73-78.

[156] 王匡. 基于虚拟空间接近的知识溢出对区域创新的影响[D]. 南京：南京航空航天大学，2010.

[157] 王庆喜，张朱益. 我国省域创新活动的空间分布及其演化分析[J]. 经济地理，2013，33（10）：8-15.

[158] 王瑞. 城市创新能力的结构分析与评价研究[D]. 合肥：中国科学技术大学，2015.

[159] 王瑞文，张嘉. 创新型城市建设中人才创新资源的聚集[J]. 科学管理研究，2011，29（1）：69-72.

[160] 王锐淇，张宗益. 区域创新能力影响因素的空间面板数据分析[J]. 科研管理，2010，31（3）：17-26.

[161] 王松，胡树华，牟仁艳．区域创新体系理论溯源与框架［J］．科学学研究，2013，31（3）：344－349，436.

[162] 王铁明，曾娟．关于城市技术创新体系建设的思考［J］．科技进步与对策，2000，17（10）：1－2.

[163] 王宇新，姚梅．空间效应下中国省域间技术创新能力影响因素的实证分析［J］．科学决策，2015（3）：72－81.

[164] 王学军，陈武．区域智力资本与区域创新能力的关系——基于湖北省的实证研究［J］．中国工业经济，2008（9）：25－36.

[165] 王铮，马翠芳，王莹，等．区域间知识溢出的空间认识［J］．地理学报，2003，58（5）：773－780.

[166] 王志鹏，李子奈．外商直接投资、外溢效应与内生经济增长［J］．世界经济文汇，2004（3）：23－33.

[167] 魏江，申军．传统产业集群创新系统的结构和运行模式——以温州低压电器业集群为例［J］．科学学与科学技术管理，2003（1）：14－17.

[168] 魏守华，吴贵生，吕新雷．区域创新能力的影响因素——兼评我国创新能力的地区差距［J］．中国软科学，2010（9）：76－85.

[169] 魏守华，禚金吉，何嫄．区域创新能力的空间分布与变化趋势［J］．科研管理，2011，32（4）：152－160.

[170] 魏亚平，贾志慧．创新型城市创新驱动要素评价研究［J］．科技管理研究，2014（19）：1－5，20.

[171] 吴慈生，张本照．区域创新系统的激发演化机理［M］．北京：经济科学出版社，2008.

[172] 吴迪. 产业集群促进区域创新能力的动力机制研究 [J]. 创新科技, 2015, 180 (2): 18-20.

[173] 吴宇军, 胡树华, 代晓晶. 创新型城市创新驱动要素的差异化比较研究 [J]. 中国科技论坛, 2011 (10): 23-27.

[174] 吴玉鸣. 大学、企业研发与首都区域创新的局域空间计量分析 [J]. 科学学研究, 2006, 24 (3): 398-404.

[175] 吴玉鸣, 何建坤. 研发溢出、区域创新集群的空间计量经济分析 [J]. 管理科学学报, 2008, 11 (4): 59-66.

[176] 伍蓓, 陈劲, 王姗姗, 等. 科学、技术、创新政策的涵义界定与比较研究 [J]. 科学学与科学技术管理, 2007, 28 (10): 68-74.

[177] 夏海斌, 王铮. 中国大陆空间结构分异的进化 [J]. 地理研究, 2012, 31 (12): 2123-2138.

[178] 谢科范, 张诗雨, 刘骅. 重点城市创新能力比较分析 [J]. 管理世界, 2009 (1): 176-177.

[179] 修国义, 韩佳璇, 陈晓华. 区域创新驱动能力影响因素实证研究 [J]. 金融与经济, 2017 (5): 49-54.

[180] 徐大可, 陈劲. 创新政策设计的理念和框架 [J]. 国家行政学院学报, 2004 (4): 26-29.

[181] 许治, 陈丽玉. 国家级创新型城市创新能力的动态演进——基于技术成就指数的研究 [J]. 管理评论, 2016, 28 (10): 58-66.

[182] 颜晓峰. 试论国家创新能力 [J]. 中国特色社会主义研究, 2000 (3): 23-25.

[183] 杨冬梅, 赵黎明, 陈柳钦. 基于产业集群的区域创

新系统构建［J］. 科学学与科学技术管理，2005，26（10）：79－83.

［184］杨华峰，邱丹，余艳. 创新型城市的评价指标体系［J］. 统计与决策，2007（6）：68－70.

［185］杨伟，戚安邦，杨玉武. 企业技术创新主体性程度的区域差异及其对区域创新能力的影响［J］. 经济地理，2008，28（6）：955－959.

［186］杨振山，蔡建明. 空间统计学进展及其在经济地理研究中的应用［J］. 地理科学进展，2010，29（6）：757－768.

［187］虞晓芬，李正卫，池仁勇，等. 我国区域技术创新效率：现状与原因［J］. 科学学研究，2005，23（2）：258－264.

［188］熊彼特. 经济发展理论［M］. 北京：商务印书馆，1990.

［189］熊彼特. 资本主义、社会主义和民主［M］. 北京：商务印书馆，1979.

［190］岳鹄，康继军. 区域创新能力及其制约因素解析——基于1997—2007省际面板数据检验［J］. 管理学报，2009，6（9）：1182－1187.

［191］曾刚，李英戈，樊杰. 京沪区域创新系统比较研究［J］. 城市规划，2006，30（3）：32－38.

［192］湛军. 国外服务创新研究演变历程及其对中国的启示［J］. 上海大学学报（社会科学版），2017，34（5）：79－93.

［193］张德平. 建立城市技术创新体系促进区域经济发展［J］. 吉林大学社会科学学报，2001（5）：124－129.

［194］张敦富，傅晓东. 区域经济合作与区域分工问题研

究［J］. 长江论坛，2000（6）：16-19.

［195］张帆. 基于结构方程模型的科技型人才聚集与城市科技创新的关系研究——以太原市为例［D］. 太原：太原理工大学，2012.

［196］张海峰. 城市创新能力评价研究［D］. 西安：西北大学，2009.

［197］张辉鹏，石嘉兴. 面向知识经济时代的城市技术创新体系［M］. 北京：中国金融出版社，2004.

［198］张鹏，于伟. 我国省域创新能力差异的演变和解释——基于面板数据 FEM 模型和 Shapley 分解的分析［J］. 科技管理研究，2015（7）：33-38.

［199］张平. 城市创新系统与绵阳科技城的建设［J］. 中国科技论坛，2003（6）：48-50.

［200］张省，顾新. 城市创新系统动力机制研究［J］. 科技进步与对策，2012，29（5）：35-39.

［201］张玉明，李凯. 中国创新产出的空间分布及空间相关性研究——基于 1996—2005 年省际专利统计数据的空间计量分析［J］. 中国软科学，2007（11）：97-103.

［202］张战仁. 地理空间视角下我国区域创新非均衡发展的时空模式研究［D］. 上海：华东师范大学，2011.

［203］张战仁. 中国创新发展的区域关联及空间溢出效应研究——基于中国经济创新转型视角的实证分析［J］. 科学学研究，2013（9）：1391-1398.

［204］张兆同. 基于主体行为分析的区域创新能力提升研究［J］. 世界经济与政治论坛，2009（3）：111-116.

［205］赵黎明，冷晓明，等．城市创新系统［M］．天津：天津大学出版社，2002.

［206］赵黎明，李振华．城市创新系统的动力学机制研究［J］．科学学研究，2003，21（1）：97－100.

［207］赵林海．基于系统失灵的科技创新政策制定流程研究［J］．科技进步与对策，2013，30（4）：112－116.

［208］赵清．创新型城市的理论与实践分析［J］．首都经济贸易大学学报，2010（2）：103－108.

［209］甄峰，黄朝永，罗守贵．区域创新能力评价指标体系研究［J］．科学管理研究，2000，18（6）：16－19.

［210］郑展，韩伯棠，张向东，等．区域知识溢出与吸收能力研究［J］．科学学与科学技术管理，2007，28（4）：97－101，152.

［211］中国科技发展战略研究小组．中国区域创新能力报告（2001）［M］．北京：中共中央党校出版社，2002.

［212］中国科技发展战略研究小组．中国区域创新能力报告（2003）［M］．北京：经济管理出版社，2004.

［213］中国科技发展战略研究小组．中国区域创新能力报告（2004—2005）［M］．北京：知识产权出版社，2005.

［214］周明，李宗植．中国省际高技术产业技术创新能力分析——基于产业集聚的视角［J］．科学学研究，2008，26（S2）：518－524.

［215］周纳．创新型城市建设评价体系与评价方法探讨［J］．统计与决策，2010（9）：21－23.

［216］周亚庆，张方华．区域技术创新系统研究［J］．科

技进步与对策，2001，18（2）：44－45.

［217］周振华．论城市综合创新能力［J］．上海经济研究，2002（7）：42－49.

［218］朱俊杰．区域创新的动力——基于创新与吸收能力的互动演化视角［J］．财经问题研究，2017（3）：11－18.

［219］朱凌，陈劲，王飞绒．创新型城市发展状况评测体系研究［J］．科学学研究，2008，26（1）：215－222.

［220］朱玉春，付辉辉，黄钦海．我国区域之间技术创新能力差异的实证分析［J］．软科学，2008，22（2）：107－112.

［221］邹燕．创新型城市评价指标体系与国内重点城市创新能力结构研究［J］．管理评论，2012，24（6）：50－57.